25 lecciones que he aprendido sobre ~~fotografía~~ ... la vida

Otros títulos del autor

Carta a las musas

El arte importa

Sé tú mismo

*Cómo ser un gran fotógrafo,
lecciones aprendidas por
las calles de Nueva York*

*Crónicas del hombre perdido:
libro 1, el arte de vivir*

*Crónicas del hombre perdido:
libro 2, el arte de amar*

25

Lecciones
que he aprendido
sobre ~~fotografía~~

la Vida!

Lorenzo Domínguez
traducción al castellano de
Daniel Miguelánez

Chelenzo Inc.
Nueva York

Para contactar con el autor, o solicitar información sobre conferencias, charlas, o cualquier otra consulta, puede dirigirse a la dirección de correo electrónico: Lorenzo@25Lessons.com

La presente versión ha sido editada y traducida por Daniel Migueláñez.

Las historias y aventuras narradas en este libro están basadas en hechos reales; algunos nombres han sido modificados para proteger el derecho de intimidad de las personas que inspiraron esta narración.

"Si...", página 30, de Rudyard Kipling. "Ser o no ser" monólogo páginas 83, de William Shakespeare.

Impreso en los Estados Unidos de América. Diseño: Lorenzo Domínguez.

Primera edición en inglés (con fotos): marzo 2008. Segunda edición (con 25 nuevas fotos): octubre 2008. Primera edición de bolsillo (solo texto): diciembre 2008

Primera edición en español publicada en los EE.UU. por Chelenzo Inc., augusto de 2014.

Edición en castellano en B&W
Title ID: 4943431
ISBN-13: 978-1500786359
ISBN-10: 1500786357

Edición en ingles en B&W
Title ID: 3555533
ISBN-13: 978-1456572013
ISBN-10: 1456572016

Edición en ingles en color
Title ID: 3555958
ISBN-13: 978-1456574482
ISBN-10: 1456574485

Para Enzo y Dominic

¿Sabes qué?
¿Qué?
Te amo.
Ya sabía que ibas a decir eso…

Al nacer, lloraste, y el mundo se regocijó.
Vive tu vida para que, cuando mueras,
El mundo llore y tú te regocijes.
Dicho Cherokee

Índice

Prólogo

Lección 1: Todo es hermoso..1
Lección 2: Donde quiera que vayas...............................7
Lección 3: Usa tu imaginación 13
Lección 4: Toma el largo camino (a casa)...................17
Lección 5: Simplemente, hazlo....................................23
Lección 6: Si..29
Lección 7: Alcanza el equilibrio 35
Lección 8: Date a conocer..41
Lección 9: No te tomes a ti mismo demasiado en serio
....47
Lección 10: conócete a tí mismo..................................51
Lección 11: hazlo por tu cuenta...................................57
Lección 12: persevera 63
Lección 13: sé promiscuo...71
Lección 14: toma el camino correcto 77
Lección 15: aprende a dejarlo estar.............................85
Lección 16: Haz que cada momento cuente.................93
Lección 17: Capear el temporal...................................99
Lección 18: decir la verdad 103
Lección 19: Cree en ti mismo....................................109
Lección 20: mantener el rumbo 115
Lección 21: Eyes Wide Open (abre bien los ojos).....121
Lección 22: cada día es extraordinario 125
Lección 23:...129
Lección 24: Experimenta 139
Lección 25: Sé tú mismo..143

Agradecimientos...151
Sobre el autor...152
Sobre el traductor..153
Lo que ha dicho la crítica...154
Otros títulos del autor 161

Fotografías

This is New York 5

Man on the Street 12

Got ya! 16

Depression (on the Streets of New York City) 22

Hmmm, Wonder What He's Thinkin'? 27

Dreamin' 34

Entourage 39

Little Black Sheep (Daddy's Lil' Girl) 45

Sign of the Times 50

Doin' New York, Doggy Style 55

Lovers Crossing 62

Just a Coincidence? 70

Passing By (Off to Work) 76

November Morn 83

Oy Vay! We're Lost in Harlem 91

Comin' Down the Line 97

Poster Girl 101

REPENT 108

She's Got Style (Sidewalk Sale) 113

Life is Amazing 119

The Midnight (Naked) Cowgirl 123

Groovin' NY Style 128

Waiting in Times Square 138

The Big Ice Cream 142

Homage to The Empire State 150

Prólogo

En la primavera de 2005, mi mujer y yo acordamos separarnos. Debió ser una señal de cierta importancia porque, por primera vez, estábamos de acuerdo en algo. Habíamos pasado años de conflictos hasta que, por fin, me pidió que me fuese.

Yo no estaba preparado para el divorcio que, por otra parte, era nuestra única alternativa a la separación—, pero no tenía adónde ir. Los primeros días llamé, sin éxito alguno, a todos los hostales y hoteles baratos de la ciudad de Nueva York que pude encontrar, sin ningún éxito. Quedarse en algún sitio era, simplemente, demasiado caro. Había una hipoteca y otras muchas facturas por pagar. Y desde que mi mujer se había quedado se en casa con nuestros dos hijos, y un trabajo de fines de semana y media jornada, vivíamos, a todos los efectos, con los ingresos de uno solo.

En otras palabras, no podíamos permitirnos que yo dejara el hogar.

En lugar de eso decidimos que hasta que encontrara algún sitio adonde ir, ella me dejaría dormir en el sótano de nuestra casa. Era una alternativa incómoda, pero al menos evitó que me volviera un vagabundo.

No le conté a nadie que nos habíamos separado porque me avergonzaba, y porque aún quedaba en mí un vestigio de independencia que me impedía hacerlo. Ni la familia ni los amigos estaban al corriente de mi situación. Pero, en cuanto los días se convirtieron en semanas, me empecé a sentir más y más solo. Decidí buscar ayuda y hablar con alguien; alguien que me pudiera comprender sin juzgarme y que incluso —quién sabe— me supiera perdonar. Alguien que, al cabo, me señalara el camino a seguir.

Como fui educado en la fe católica, uno de mis primeros pensamientos fue el de ir a ver a un sacerdote. Los curas son buenos consejeros. Pueden guiarte y redimir tus errores.

Así que una fresca mañana de primavera entré en un pequeño santuario llamado la Iglesia de la Transfiguración, a tres manzanas de mi oficina, y me senté en uno de los bancos del fondo de la iglesia, a oir el sermón que estaba dando el sacerdote.

Había pasado por la iglesia cada día, de camino al trabajo, durante los últimos seis años, y cada vez había sentido el urgente deseo de presenciar uno de los conciertos primaverales que se celebraban a la hora del almuerzo; pero siempre acababa comiendo en el despacho.

La iglesia llevaba allí unos 150 años, y había servido de asilo a los necesitados durante la mayor parte de su historia. Sus sótanos fueron un refugio seguro para los esclavos fugitivos que huían por el ferrocarril subterráneo. Y durante la guerra civil, el doctor George Hendric Houghton, fundador de la iglesia, acogió a varios afroamericanos amenazados por los encolerizados inmigrantes que, en 1863, participaron en los disturbios de Nueva York, a pesar de que la policía le advirtió de que no podía asegurarle protección.

En 1870, un caballero llamado Joseph Jefferson andaba buscando un santuario para celebrar el funeral de George Holland, actor dramático y muy querido amigo suyo. Rechazado en todas partes, Jefferson lo daba todo por perdido cuando sus pasos le encaminaron a la Iglesia de la Transfiguración a la vuelta de la esquina. En respuesta, Jefferson exclamó: "Dios bendiga la Pequeña Iglesia a la Vuelta de la Esquina".

A lo largo de estos 137 años, ese ha sido el apodo con el que se ha conocido a la iglesia, que la comunidad del teatro ha visto desde entonces como la suya propia. En 1923 se formó allí un gremio de actores, y el compañerismo entre los de hábito y sotana y los del escenario hizo que, en 1973, la Pequeña Iglesia se convirtiese en un punto de referencia histórico.

En este espacio lleno de quietud, mientras escuchaba cómo el sacerdote daba fin a su sermón, conseguí reunir y liberar todas mis emociones. Cuando al fin pude hablar con él, tenía un nudo en la garganta y tuve que disculparme. Apenas fui capaz de decir lo que había ensayado tantas veces durante la espera.

En aquellos breves momentos —que a mí se me hicieron horas- solicité, discretamente, una reunión. El sacerdote me sugirió que volviese a mediodía.

Siete minutos antes del mediodía me levanté de mi escritorio y recorrí a pie la manzana hasta doblar la esquina. Entré por la puerta de acero rojo, por el pequeño jardín, atravesé un mar de flores rosas y pasé a la silenciosa oficina de la iglesia, donde el recepcionista me pidió que esperase en una pequeña habitación a que llegara el padre Harry.

El padre Harry llegó al poco tiempo, sonrió, y amablemente me preguntó que en qué podía ayudarme. Cuando empecé a hablar, aún me sentía algo avergonzado, pero en seguida estallé; mi pena se derramó como un diluvio y sollocé como un hombre que ha sido echado de su casa y, durante semanas, ha tenido que guardárselo para sí. El padre Harry escuchó con atención. En un momento dado, colocó su mano sobre la mía y yo sentí de inmediato cómo una cierta paz, quizá el confort de Dios, se apoderaba de mí.

No importó que yo, más de veinte años atrás, como estudiante de bachillerato en una escuela jesuita, hubiera renunciado a mi fe. Aún creía en parte de las enseñanzas que la misa de los domingos y mi santa madre me habían transmitido. Creía firmemente en los principios cristianos del amor, el perdón, el altruismo, la tolerancia y la aceptación, sobre todo en el más puro sentido, el que muestran las alegorías de los evangelios que relatan momentos clave en el ministerio de Jesús de Nazaret.

Después de hablarle al padre Harry de mi idea de encontrar un albergue, o un centro social donde ofrecerme de voluntario a cambio de un suelo en que dormir y un gancho para colgar mi traje, él hizo una pausa y dijo: "La verdad es que nosotros mismos necesitamos algo de ayuda. Y tenemos un apartamento vacío donde podrías quedarte".

En aquel momento sentí, sin poder evitarlo, el efervescente renacimiento de mi fe. La benevolencia del padre Harry me hizo recuperar esa profunda espiritualidad que, como el despreocupado universitario que fui en California, había alimentado durante tanto tiempo, y que el paso de los años me hizo perder.

Porque en los ojos del padre Harry pude ver que él creía en mí de corazón, sin la menor sombra de duda. La inspiración de aquel momento imborrable me llevó a ver mi situación como una oportunidad para descubrir lo mejor de mí mismo.

El padre Harry cumplió su promesa y dos semanas más tarde me hizo saber que, en efecto, la Pequeña disponía de un lugar para alojarme, siempre que estuviese dispuesto a ayudar en la casa (de Dios). Acordamos que podría ocupar el estudio situado justo encima de la sacristía, esa pequeña habitación donde se guardan los cálices del ritual sagrado y las vestiduras, y donde los sacerdotes se visten y se preparan para oficiar la misa.

El tácito acuerdo era que, de ser necesario, podría quedarme hasta junio, cuando el apartamento sería demolido para abrir paso a Sky House, una torre residencial de 55 pisos con apartamentos de lujo a partir de un millón de dólares.

Fue así como me encontré viviendo, durante tres meses y en virtual aislamiento, en una pequeña iglesia en medio de Manhattan, en virtual aislamiento. Durante ese turbulento periodo tuve ocasión de reexaminar mi vida. Esperaba ponerme al día con todos los libros que quería leer desde hacía tiempo, ir al gimnasio, reflexionar sobre lo que había pasado en mi matrimonio.

Lo que no esperaba era que acabaría saliendo cada noche a la ciudad a tomar fotos, lanzándome a una fuente de pasión creativa reprimida que iba a cambiar mi vida. Nunca imaginé que ver de nuevo el mundo a través de las lentes de la cámara pudiera convertirse en un increíble viaje que me haría recordar algunas importantes lecciones; lecciones que olvidé en algún momento del camino.

Irónicamente, había abandonado hacía tiempo la fotografía de carrete tradicional cuando, durante mi primer viaje a la ciudad de Nueva York, en 1989, eché a perder el primer objetivo de 35mm que había comprado después de colocar, sin querer, mi comida grasienta en la misma bolsa de mano. Gracias a Dios, la revolución digital sirvió para encender de nuevo mi pasión; porque mi redescubrimiento de la fotografía me ayudó a redescubrir la vida misma.

Lección 1: Todo es hermoso

Cada cosa tiene su belleza,
Pero no todos pueden verla.
Confucio

Poco después de recibir noticias favorables del padre Harry, volví a la ciudad de Nueva York. Yo había estado trabajando en Manhattan desde que salí de California para hacer el posgrado; de eso hacía ya catorce años, pero los cuatro últimos los pasé en New Jersey.

Aquellos años fueron como un torbellino. Graduarme en la universidad, ponerme a trabajar, casarme, trasladarme de Manhattan a Brooklyn, y por fin —cuando el reducido apartamento en la planta baja del edificio brownstone en que vivíamos se quedó pequeño para una pareja, un bebé de dos años y un recién nacido—, trasladarnos a Jersey.

El paso del tiempo me hizo sentir cada vez más atrapado, como si todo hubiera consistido en un dejarse llevar por la inercia, siguiendo un círculo que, al cerrarse, me devolvía a los frustrantes límites de mi juventud. Volví a aquellos espantosos suburbios, y esta vez lo hice con una mujer, dos hijos, un puesto en una empresa y una hipoteca a cuestas.

Pero, ahora que, de repente, era —por decirlo así— "libre" ¿qué podía hacer con todo ese tiempo de más?

Al principio, pensé en enclaustrarme como un monje y entregarme a algunas de las grandes pasiones intelectuales que, por falta de tiempo, siempre había ido postergando: idiomas, arte, ciencia, filosofía…

Y entonces, una feliz casualidad vino a alterar mis planes. Acababa de instalarme en la Pequeña Iglesia cuando descubrí flickr.com, un portal de fotografía en que los usuarios comparten sus obras e ideas, sus consejos y su inspiración con otros fotógrafos de todo el mundo. La idea me entusiasmó, sobre todo porque aquel trueque de imágenes era la forma perfecta de vencer las limitaciones del idioma; se hacía bueno el dicho de que una imagen —o una foto—, vale más que mil palabras —nunca pronunciadas.

1

Una noche, animado por el reciente descubrimiento, me decidí a probar. Salí con mi cámara y empecé a tomar fotos de la ciudad. La intensidad de los colores, la gente, apresurándose al encuentro con otros —y los taxis, llevándolos veloces de acá para allá—, todo me hipnotizó de inmediato.

La ciudad se transformó esa noche ante mis propios ojos. Aquella "metrópolis de la oportunidad" ya me había dejado boquiabierto cuando me instalé allí por primera vez, pero en cuanto empecé a trabajar, el polvo, la suciedad y la rutina neoyorkinos perdieron de súbito su encanto; el talante de la urbe y sus habitantes —paranoicos, frenéticos, inquietos— dejaron de inspirarme como antes lo hicieran.

Y de repente, cámara en mano, la ciudad dejaba de ser un lugar amenazante y oscuro; ya no era el laberinto de una carrera de ratas. No. A través del objetivo, daba la sorpresa de mostrarse realmente acogedora. Comprendí que la cámara me permitía detenerme a observar, me liberaba de acuciantes esquemas mentales del tipo "tengo que ir al trabajo" o "debo volver a casa". La cámara me daba licencia para concentrarme en la vida misma; porque las fotos ven todo aquello que nosotros pasamos por alto, siquiera porque estamos demasiado ocupados.

Aquel día acabé apostándome en las esquinas de las calles y en medio de las aceras para ver lo que ocurría, sin más, y a apreciar —con la esperanza de sacar algunas buenas fotos— la belleza del instante en movimiento.

Al caer la noche tenía cientos de ellas. Hice algunos retoques para publicarlas cuanto antes en la red, mientras meditaba sobre todo aquello. "Si me quedo todas las noches a leer en casa —deduje—, estaré dejando escapar una oportunidad magnífica, de las que solo se presentan una vez". Los libros, además, no tenían intención de ir a ninguna parte; pero la vida, que pasaba de largo más rápido que nunca, ponía ante mí muchos de sus –asombrosamente fugaces-momentos, para que yo los captase con mi cámara.

Y aún cabe decir más: me había vuelto a enamorar de la ciudad de Nueva York.

Puede que el amor no cambie la realidad, pero sí la perspectiva desde la que la contemplamos. Ahora que pasaba mucho más tiempo lejos de mis hijos, me di cuenta de lo hermosa y cargada de sentido que hacían ellos mi vida. Cada noche, cuando les llamaba, hacía lo posible por dárselo a entender.

Mis chicos se convirtieron, más que nunca, en mis modelos favoritos. Les hacía fotos en cuanto se presentaba la ocasión, y eso me motivó a iniciarme en el aprendizaje y la práctica de los vibrantes matices del retrato, incluyendo la necesidad de crear y manipular un entorno vivo que no solo favoreciese el desenvolvimiento natural de los protagonistas, sino que también suscitara en ellos expresiones dignas de captar en una foto.

Iniciarme en la fotografía me permitió aceptar el presente: apuraba cada instante hasta el final; prolongaba cada noche, cada segundo, como si fuesen a durar toda una vida, como si captase —y domase— el tiempo mismo.

El poeta del siglo XIX John Keats dijo una vez: "Si algo no es bello, probablemente no es verdadero". La belleza está presente en cada cosa —si acaso porque, en sí, la verdad es relativa.

Entreguémonos, por tanto, a la tarea de recordar —en cada momento— que todo es hermoso; a veces, para apreciar la auténtica importancia estética y el valor inefable de lo que observamos, basta con que variemos el ángulo, el punto de vista o la perspectiva.

No deja de sorprenderme hasta qué extremo las cosas, lugares y gentes más comunes –esos sujetos que todos tendemos a pasar por alto- pueden dar origen a muchas de las más extraordinarias fotos.

¿Quién no conoce a alguna de esas personas que, constantemente, sienten que se les cae el mundo encima, o que al más mínimo inconveniente se quejan, se sienten ofendidos o tratados con desconsideración? En su mundo escasea la belleza porque es así como han elegido verlo.

La forma en que uno decide ver el mundo y la vida es, al cabo, la forma en que el mundo y la vida se presentarán. Yo he elegido —y sigo eligiendo— ver ambos como algo increíble y hermoso.

En mi opinión, vivimos en un mundo henchido de belleza porque, en sí, la vida es hermosura; vivir es algo hermoso, siquiera porque también la existencia es un lujo en sí. Al elegir esta forma de ver las cosas me preparo para abrirme a ellas: para ver, sentir y oír cómo despliegan ante mí sus mejores encantos.

Tomar fotografías me permitió volver a alcanzar la libertad; ser de nuevo yo mismo y expresar la belleza que veo en todas partes y en todos..

Si algo no es bello, probablemente no es verdadero.
John Keats

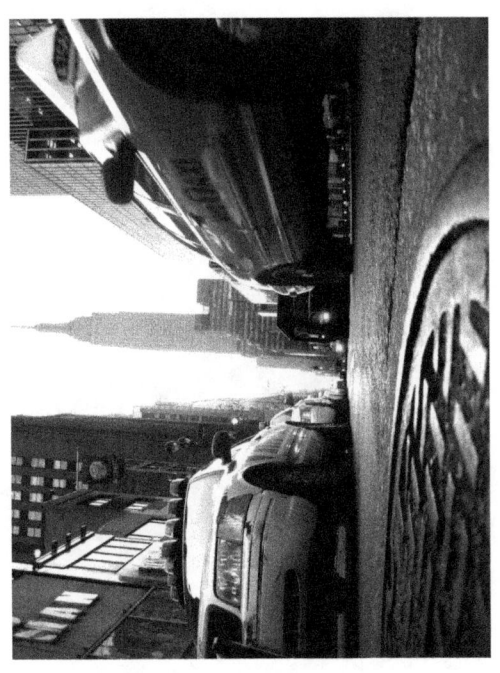

Lección 2: Donde quiera que vayas

Cuando me instalé en el pequeño apartamento de la Pequeña Iglesia, las paredes estaban desnudas.

Una de las ventanas ofrecía una espléndida vista del Empire State Building, pero las paredes desiertas me hacían sentir algo solo. De modo que, para hacer la estancia un poco más acogedora, tomé la decisión de colgar algunas de mis fotos.

Casi toda mi producción de aquel entonces eran fotos fijas en blanco y negro, porque no tenía aún la suficiente formación como para captar el movimiento, un instante o, simplemente, las vibraciones del color.

Lo bueno de iniciarse en el blanco y negro es que le permite a uno centrarse en un elemento primordial de la foto: la forma. Desprovista de color, una foto revela lo que yo concibo como su esqueleto: las líneas, las curvas, los elementos secundarios y, por último, los vigorosos —y exquisitamente sutiles— bloques de luz que, aunados, dan forma a la foto.

Un día encontré una pequeña librería de segunda mano en la calle 18, a las afueras de Chelsea. En el expositor de liquidaciones, junto a la fachada exterior, tenían un viejo y desvencijado libro de pinturas con el título "Images de la Peinture Française Contemporaine" (Imágenes de la pintura francesa contemporánea), que compré por un dólar. Es imposible calcular el valor que tenía aquel dólar, porque la inspiración que resultó de aquella adquisición es impagable. En el interior del libro, junto a biografías de pintores como Paul Cézanne, Paul Gauguin, Pablo Picasso, Henri Rousseau, George Braque y Georges Seurat, había fotos con una muestra de sus obras.

Después de examinar con detalle mi nuevo tesoro, se me ocurrió una idea. Visualicé al instante la forma en que esos cuadros, repletos de color, podían ser el perfecto complemento para mis fotografías.

Así que, después de montar en cartón pluma los ejemplares elegidos, fui colocándolos a lo largo y ancho de la habitación; un colorido cuadro por aquí, una foto en blanco y negro por allá… Mi elección final incluía "Le Sacre-Coeur" (El sagrado corazón), de Odilon Redon, "Femme Qui Tire Son Bas" (Mujer poniéndose las medias), de Henri de Toulouse-Lautrec, "Les Tournesols" (Los girasoles), de Vincent Van Gogh, "Odalisque" (Odalisca), de Henri Matisse, and "La Sainte Face" (El divino rostro), de Georges Rouault.

Además de un ornamento que llenó la habitación de colorido, las obras de esos grandes pintores resultaron ser una fuente de inspiración; al colgarlas reparé en que, si bien la experiencia de la separación me estaba haciendo sufrir considerablemente, también había sembrado en mí el germen de algo especial. Recluido en aquel pequeño cuarto —aquella crisálida— atravesaba mi propia metamorfosis; mi vida estaba llamada a cambiar para siempre por medio de una transformación que ya operaba en mi interior; me estaba convirtiendo en un artista, algo que había deseado desde hacía tanto tiempo como mi memoria alcanzaba a recordar.

Miré a mi alrededor y vi que, entre los cuadros elegidos, había imágenes de flores, y de Jesucristo y las prostitutas. No era mi intención ser irreverente cuando coloqué las imágenes una junto a otra; acaso, tal vez, al contrario, porque sentí con mucha claridad la afinidad entre el principio cristiano del Ágape –el deber de amarse a uno mismo y a los demás- y la búsqueda de la belleza en todo.

En una ocasión, el reverendo Martin Luther King, Jr. describió así el Ágape:

> Ágape es un amor desbordante que nada busca a cambio, es el amor de Dios operando en el corazón humano. En este nivel de amor, el hombre puede amar a sus enemigos aunque odie sus acciones. Es un amor en el que el individuo no busca su propio bien, sino el bien del vecino".

Como el Ágape, mi pasión por la fotografía se convirtió en "amor desbordante" que, al principio, nada esperaba a cambio. Yo me limitaba a hacer cientos —y luego miles— de fotos por el simple hecho de que me gustaba hacerlo. Solo cuando, uno tras otro, los blogs empezaron a reseñar mi trabajo, comprendí que esa nueva vocación podía llegar a ser algo más que un simple pasatiempo.

Al colgar aquellos cuadros en la habitación creció en mí un incesante amor por la belleza, el arte y la vida, y me sentí también motivado para aprender técnicas fotográficas del manejo del color.

Ante todo, me considero a mí mismo un escritor. La escritura fue mi primer amor y mi amante, mi amiga más íntima y mi confidente; y, además, mi musa. Por eso, cuando hago fotografías es como si estuviera escribiendo, como si compusiera un poema sobre lo que veo en el preciso instante en que me inclino, o echo a correr, o me concentro y entonces... ¡click!

Pronto descubrí que, en más de una ocasión, si estaba preparado y llevaba conmigo el equipo, cuando todos los elementos confluían, sin más, podía captar momentos absolutamente brillantes y crear fotos dignas de admiración. Mi búsqueda de ese tipo de imágenes guardaba muchas afinidades con el arte de un conocido fotógrafo y pintor francés llamado Henri Cartier-Bresson cuyo estilo, con el paso del tiempo, llegó a describirse como aquél que "capta el momento decisivo"-según el término acuñado por el Cardenal von Retz. El editor estadounidense de la primera edición en lengua inglesa de Cartier-Bresson, Dick Simon, cogió prestada la frase de von Retz como título del libro de Bresson ("Images à la Sauvette", en el original francés), primer documental fotográfico que abarcaba varias décadas de su trabajo.

En su descripción de la fotografía Place de l'Europe in the Rain (1932), el poeta francés Yves Bonnefoy resume con acierto la cualidad mágica del estilo de Bresson: "¿Cómo pudo reconocer con tanta rapidez la analogía entre el hombre que atraviesa la plaza y el póster en segundo plano? ¿Cómo logró componer una escena con tantos momentos pasajeros, una escena tan perfecta en detalle como misteriosa en su totalidad?"

Durante el año que siguió a mi estancia en la Pequeña Iglesia comprendí que también yo tenía un don para captar momentos decisivos como aquellos; especialmente, cuando se daban en las calles de la ciudad de Nueva York.

Asimismo, al mirar atrás, veo que Cartier-Bresson y yo compartíamos una misma filosofía en lo que se refiere al equipo de trabajo: Él hizo casi todas sus fotos con una Leica de 35mm con telémetro y un objetivo de 50mm; y eso, en cierto sentido —teniendo en cuenta los equipos mucho más potentes que ambos teníamos a nuestra disposición— equivale a la digital compacta que he usado yo para todas mis fotografías.

En fotografía, lo más insignificante puede ser en un gran tema.
El pequeño detalle humano puede convertirse en leitmotiv.

Henri Cartier-Bresson

Algunos colegas fotógrafos me han animado a que me ponga al día con algo de tipo "SLR" (réflex de único objetivo); no obstante, esas cámaras de mayor calidad, más ostentosas y pesadas y mucho más caras, no encajaban con mi estilo callejero de "disparar sobre la marcha y correr". Cartier-Bresson era de la misma opinión; le resultaba necesario reducir al mínimo un equipamiento que, en sus propias palabras, debía hacer las veces de "cuaderno de apuntes, (un) instrumento de intuición y espontaneidad, el maestro del instante que, en términos visuales, pregunta y decide al mismo tiempo".

Con la ayuda de equipos digitales, yo he dado un paso más allá y he captado una serie de "momentos decisivos" en secuencias, que me permiten documentar un instante en el tiempo, tal como podría hacerse con una videocámara; con el añadido de que la técnica que yo utilizo crea la impresión de que el tiempo se ha detenido; y eso, de hecho, hace posible que uno pueda observar cómo el instante evoluciona, o decae, o estalla con la acción, la energía y el color.

Por extraño que resulte, mucha gente se queja de que no logra percibir ese efecto, y muchos me preguntan los motivos que me llevan a publicar tantas fotos de una misma cosa.

"¿La misma cosa?" —protesto, a menudo, para mis adentros. A mi entender, casi todas las fotos ofrecen algo nuevo que no existía en las secuencias anterior o posterior —una incipiente sonrisa, la fortuita concordancia de elementos del primer plano y el fondo, un repentino cambio en la luz del sol;

estas y otras muchas cuestiones hacen que cada foto sea francamente insustituible para mí. Con esta misma técnica seguí publicando fotos en la red y, al cabo de apenas un año, llegué a publicar más de 15.000 imágenes en flickr.

La fotografía se había convertido en mi pasión, mi obsesión, mi expresión del amor. Y cada vez que malograba lo que, en mi mente, era la "imagen perfecta" me frustraba; porque, de forma exponencial, iba encontrando más belleza cada vez en todo cuanto había a mi alrededor.

Creo que fue Andy Warhol, el último gran artista del Pop Art, quien lo dijo por primera vez, pero el mensaje bien merece ser glosado: si eres un aspirante a fotógrafo, o incluso un artista, lleva tu cámara contigo donde quiera que vayas. De no hacerlo, sufrirás las consecuencias.

Yo he llegado a esa certeza porque a menudo, por no coger la cámara, he desperdiciado demasiadas grandes tomas, con la excusa de retomar alguna tarea de poca importancia que, en el despertar de mi pasión, había descuidado.

Son muchas las "dulces" oportunidades perdidas que tuve que lamentar; y cada vez llegaba a la invariable conclusión de que "dejalo estar" había sido un error.

¡Pero el verdadero entusiasta no descansa nunca!; cuando algo te apasiona y adviertes que tienes un don que alimentar, el reposo no existe.

Cuando ves, sientes y crees que todo es hermoso, estás destinado a que todo se revele de súbito ante ti y suplique tu atención: ¡Sácame una foto! ¡Y a mí! ¡A mí! —parecen decir las cosas; lo inanimado cobra vida de repente y te proporciona una fuente inagotable desde la que valorar la vida y crear un arte propio.

Así que… más vale estar preparado.

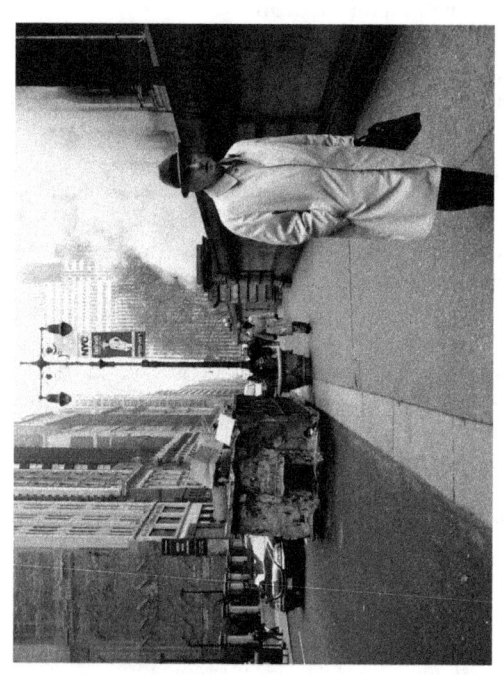

Lección 3: Usa tu imaginación

Cuando la mente del hombre se abre a una nueva idea,
nunca regresa a su dimensión anterior
Oliver Wendell Holmes

Desganado y demasiado exhausto para recorrerme a pie, de nuevo, la ciudad, aquella noche decidí usar la imaginación y me puse a jugar con los ajustes de exposición de la cámara. El resultado fueron varias fotos experimentales que parecían esqueletos de luz.

Muchas fueron las ocasiones, durante los tres meses que pasé lejos de las comodidades de un hogar, en que me serví de la imaginación para mantenerme entretenido. Como no había televisor y, por lo común, el cansancio o la inquietud me impedían leer, mi mayor fuente de entretenimiento resultó ser, al cabo, lo que rondara a cada instante en mi cabeza: infinidad de canales sinápticos plagados de recuerdos borrosos y oscuras emociones, ideas fantásticas enmarañadas por una morbosa fantasía y un profundo, incesante debate sobre qué hacía yo, exactamente, en aquel claustro, con mi soledad como única compañía.

La soledad, huelga decirlo, me empujó a usar la imaginación de un modo paralelo al que utilizaba para abordar la fotografía, sobre todo cuando pasaba a "modo revisión".

Pronto descubrí —con satisfacción— que poseía una notable habilidad para manejar lo que habitualmente se conoce como "técnica de corte", por medio de la cual el fotógrafo se fija en uno —o varios— objetos de la fotografía y vacía de color todo el entorno, hasta que el foco de atención pasa claramente a ser el objeto u objetos elegidos.

Aunque el proceso requiere una meticulosa atención a los detalles, y alarga de forma inusual la creación de la imagen definitiva, durante el siguiente año emplee un gran número de horas en alumbrar cientos de fotos con esta técnica —que, en cierto modo, llegó a ser representativa de mi estilo.

Hoy en día abunda el debate entre fotógrafos sobre si es preferible mantener intactas las fotografías, y poner así coto a los matices subjetivos que, más allá de los ajustes de color, facilita el retoque.

Pero yo me pregunto: ¿Por cuánto tiempo se ha venido usando el blanco y negro? A fin de cuentas, nadie ve el mundo en blanco y negro, ni tampoco, como es obvio, percibimos un único color o tema. (Pero sí que lo hacemos, ¡y de qué manera! Es asombrosa la cantidad de cosas que no vemos).

Casi todos los que tenemos una vista normal, con independencia de si somos hipermétropes o miopes, vemos en definitiva lo mismo. De eso no cabe duda ¿O sí? ¿No es acaso el hecho de que el fotógrafo o artista nos muestren algo que ellos ven —y otros no han visto—, lo que hace de una fotografía, o de una obra de arte- algo extraordinario?

Además de salir —casi cada noche— a hacer fotos, y emplear luego innumerables horas en retocarlas, cuando se trataba de mantenerme distraído hice el esfuerzo adicional de poner en marcha la imaginación, para no sucumbir a la sensación de soledad que me acechaba con frecuencia.

Un día compré una enorme bolsa de uvas rojas dulces y pasé casi toda la tarde reclinado en el colchón, en medio de la habitación, lanzándolas al aire y atrapándolas con la boca. Otra tarde, cogí varios recortes de papel regalo multicolor fantasía y le hice a mi mujer un collar de mariposas de papel colgantes.

Y en otra ocasión, pasada ya la medianoche, me fui a la iglesia, encendí las luces que iluminan las vidrieras y las dibujé en uno de los muchos diarios que, a lo largo de los años, había comprado o me habían regalado.

Aquella fecunda soledad se prolongaba a menudo en los ratos en que estaba solo, fuera del apartamento. Por ejemplo, cuando subía a solas en el ascensor, representaba una breve escena que reflejara mi estado de ánimo en ese momento: si, por ejemplo, estaba contento, en el tiempo en que el ascensor recorría dos pisos, me marcaba un pequeño baile. Si me abrumaba el estrés, desentumecía los miembros con posiciones de Shaolin, con nombres de insectos varios —la mantis religiosa, la mariposa voladora, el escarabajo pelotero—, y con cada una de ellas ahuyentaba de forma espontánea la ansiedad, el dolor innecesario que a mí mismo me infringía por tomarme el trabajo —o la vida— demasiado en serio.

No por azar puse todo mi empeño en seguir el mandato: "Usa tu imaginación": Esa era, seguramente, la mayor lección que aprendí de mi padre.

Durante treinta años, mi padre tuvo esas mismas palabras expuestas en su fábrica de muebles, y era lo primero que, cada mañana, al llegar, veían sus empleados.

Por eso —en parte— creo que, tanto si te dedicas a fabricar sofás como a tomar fotografías, la imaginación es decisiva en la consecución del éxito, para sacar todo el provecho a lo que ya tienes y para hacer, de algo bueno, algo grandioso.

Porque usar la imaginación te permite salir de cada instante particular y entrar en el dominio de las posibilidades infinitas. La imaginación te impulsa a cuestionarte los límites: este instante… ¿puede ser una mera escena, o daría para toda una serie? ¿Hay una historia que contar aquí? ¿Puede este apasionante momento formar parte de una aventura aún más grandiosa?

Porque la imaginación no tiene límites.

Algunas personas miran al mundo y dicen: ¿por qué?
otras miran al mundo y dicen:—¿por qué no?
George Bernard Shaw

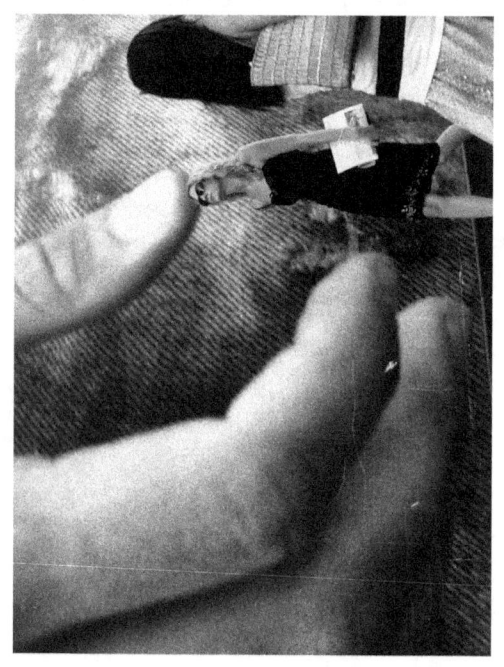

Lección 4: Toma el largo camino (a casa)

Cuando, cada mañana, iba desde New Jersey a trabajar a la ciudad, recorría a pie el tramo que va de Porth Authority a mi oficina, entre Park Avenue y la 26; y cada vez, a la ida y a la vuelta, tomaba un nuevo camino. Era mi forma de ahuyentar el aburrimiento, pero también de familiarizarme íntimamente con la ciudad.

A veces, caminaba en línea recta por una de las quince calles numeradas entre Port Authority y mi oficina, y luego enfilaba hacia cualquiera de las siete avenidas: octava, séptima (avenida de la moda), sexta (avenida de las Américas), Broadway, la quinta, Madison o Park. Otras veces, zigzagueaba por cada una de las posibles rutas para llegar o salir del trabajo. Hiciera lo que hiciera, siempre me parecía haber dado con algo nuevo y emocionante.

Al acabar mi jornada, volvía dando un paseo hasta Porth Authority, y allí cogía el autobús de vuelta a Jersey. Porth Authority bordea Times Square entre la calle 42 y la octava avenida, y se encuentra en los alrededores de "Broadway", el distrito de los teatros de Nueva York; por eso había siempre mucho movimiento en la zona.

Cuando me separé, mis conocimientos de la ciudad, de sus tesoros y rincones escondidos me resultaron útiles para profundizar en mi pasión. También descubrí entonces que muchos de los lugares que veía en el camino de ida y vuelta al trabajo eran semilleros para la fotografía. Times Square —sobre todo al caer la noche— se convirtió en uno de mis parques de recreo favoritos.

El entusiasmo por hacer fotos de la ciudad a la salida del trabajo, en cuanto se ponía el sol —con esa luz crepuscular que antecede a la noche—, me empezó pronto a sorprender, también, durante el día.

Si el tiempo acompañaba y me lo permitía el trabajo, a la hora del almuerzo daba un paseo, siempre desde la oficina, pero cada vez en distinta dirección. Una tarde, en el curso de una de aquellas excursiones fotográficas, vine a dar con dos grupos de ventanas de espléndidos colores.

El primer conjunto lo formaban las pintorescas vidrieras del interior de la iglesia del Calvario de San Jorge, entre la 16 y Park Avenue.

Dio la casualidad de que el segundo grupo de ventanas se me hizo visible a la vuelta de la esquina de la 22 con Lexington, en el instituto "Collaborative" —conocido también como "la escuela del futuro". No pude por menos que corroborar lo acertado del apodo, a juzgar por los creativos collages, expuestos en las ventanas, que los alumnos habían confeccionado con papel higiénico como único material.

A pesar de que el papel de los collages, expuesto al sol, estaba descolorido, y de los cientos de años que las vidrieras de la iglesia debían tener, las ventanas de ambos edificios tamizaban la luz solar en todo su glorioso apogeo, y me sentí agradecido de haber podido recoger aquella imagen en mis fotos.

También me produjo una íntima satisfacción la singular experiencia de haber podido combinar azar, curiosidad y arte. No importa donde sea que vivas o trabajes, o el sitio al que te dirijas; en todas partes hay tesoros a la espera de ser hallados. Solo hace falta tomarse la molestia de ir a su encuentro. A veces, basta con que abramos los ojos —y los sentidos— para que la belleza que envuelve nuestra vida diaria se muestre ante nosotros.

Una buena forma de abrirnos al mundo es tratar de verlo a través de los ojos de un niño: vaciarse de obligaciones y explorar, sin más; sin un propósito, sin el impulso compulsivo de llevar un registro del tiempo y del lugar, sin que la preocupación le desvíe a uno de cada glorioso detalle del entorno que resplandece a su alrededor.

De vez en cuando, debemos acordarnos de pensar y correr y jugar con la misma libertad de que gozábamos de niños; cuando, de pequeños, volvíamos a casa por el camino más largo, o girábamos haciendo círculos y ruidos raros hasta marearnos tanto que no nos teníamos en pie y nos dejábamos caer, despreocupadamente, en la hierba, con los brazos separados — contemplando cómo las nubes, ahí arriba en el cielo, se congelaban en forma de enormes galletas con formas de animales—, hasta recobrar el aliento y el equilibrio para empezar una vez más, sin pararnos a pensar que acabaríamos mareados.

Tengo la fortuna de ser el padre de dos chicos maravillosos que, a diario, me inspiran de esa misma forma. Tal como los padres guían a sus pequeños a través de sus propios errores y experiencias, también los niños pueden, de vez en cuando, incitarnos a que nos dejemos llevar y disfrutemos y apreciemos la vida en su plenitud. Ver jugar a mis hijos me hace recordar que, si los niños se meten en líos es, ante todo, porque la forma innata de sus vidas no encaja con naturalidad en el rígido guion que los propósitos paternos les imponen.

Varios motivos me llevan a sentirme particularmente orgulloso de una foto que le hice a Dominic, el más pequeño, aquella vez que, avanzada ya la tarde, cruzábamos el puente de Lambertville (New Jersey) a New Hope (Pennsylvania); no es solo la ingrávida capa de luz que el sol difuminado pone en la escena, y los dos niveles de profundidad —con la barandilla a la izquierda, el armazón del puente a la derecha y las sombras proyectadas— que, en conjunto, dan una imagen de generosa textura; también, al ver la foto, el tamborileo de mi hijo con los dedos en la barandilla me dice: "relájate".

Porque, cuando le vi haciendo eso, lo primero que se me ocurrió fue: "¡hijo, te vas a manchar las manos!"; pero enseguida reparé en lo inoportuno de mis palabras, así que le dejé en paz y me permití a mí mismo disfrutar del momento.

En más de una ocasión, al ojear fotos de mis hijos, me asalta el dicho popular de que "los niños crecen demasiado rápido". Es imposible darle el justo valor a cada minuto de su crecimiento; en especial cuando, ya de adultos, la ansiedad por recobrar ese feliz estado de libertad e ignorancia se apodera de nosotros.

Irónicamente, las cualidades propias de la infancia son las que nos conducen a la sabiduría que tendemos a buscar en la edad adulta. "La sabiduría empieza por el asombro", dijo una vez Confucio. Y así, con frecuencia, gracias a la relación con mis hijos recuerdo que, si algo nos sitúa en el camino hacia ese tipo de conocimiento, es la curiosidad.

19

Los adultos insistimos en renunciar a los valiosos rasgos innatos de la niñez —en aras del temor, de la conservación, la propiedad y la apatía.

Y, a menudo, por motivos justificados.

Pero, con igual obstinación, no arriesgamos lo suficiente, no estamos dispuestos a salir de nuestra zona de seguridad e intentar algo nuevo o, simplemente, perder el tiempo porque sí, en aras de la frivolidad; es decir, tomar el camino largo a casa.

A expensas de aceptar el pragmatismo que la edad adulta exige nos estancamos, disminuimos nuestro potencial; dejamos de crecer y tomamos el camino directo y estrecho que nos lleva a nosotros mismos… convertidos en adultos aburridos e infelices.

Por eso, cada cierto tiempo, necesitamos darnos un pequeño empujón por nuestra cuenta que nos saque del camino trazado, tomar un desvío sin miedo a perdernos. Como quiera que sea, demos siempre por bienvenida la oportunidad de ver nuevas cosas, conocer gente distinta, vivir aventuras y, lo más importante, aprender. Y que ese aprendizaje —por el camino de la ignorancia juvenil, la inquietud precoz y la constante adquisición de esto y aquello, y lo de más allá— nos haga más sabios.

No malinterpretes mis palabras. Hay conductas que nos hacen sufrir las consecuencias; pero a veces, las circunstancias nos brindan la oportunidad de abrir un camino nuevo e inesperado.

La oportunidad que se me presentó de vivir en la Pequeña Iglesia es un buen ejemplo de cómo unas circunstancias tan comunes como las mías pueden dejar que tomemos personalmente la iniciativa y desarrollemos una solución diferente.

Como otros muchos antes, yo podría haber claudicado frente a la idea de que el divorcio era el único recurso viable, y haberme trasladado de una sola vez desde el principio; contratar a un abogado, dividir los bienes, determinar la custodia y decir adiós. Dado que no estaba preparado para hacer "eso" —

rendirme, sin más—, me esforcé en cambio por hallar una solución distinta, a mi medida.

Finalmente, me di cuenta de que la recompensa había llegado cuando comprendí —y recordé— la exuberante consciencia de mi propia vida, de mí mismo y de mis pasiones, hacia la que me orientaba.

Es cierto que, de no ser por aquellos que nos precedieron, no seríamos capaces de ver en perspectiva. Dicho de otra forma, podemos ayudarnos de los predecesores que despejaron el camino y emplear nuestro tiempo en hacer accesible la ruta hacia el éxito.

Ese éxito depende también de que nosotros, por nuestra cuenta, tengamos el arrojo de convertirnos en pioneros; arriesgar, innovar y, en ocasiones, tomar el largo camino a casa.

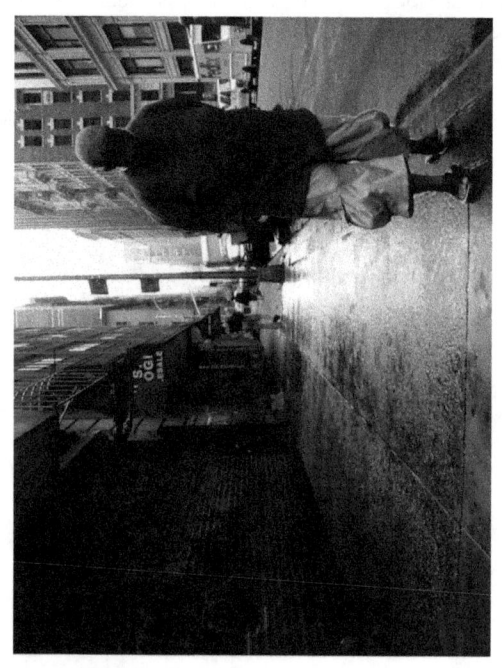

Lección 5: Simplemente, hazlo

Aquella noche había estado leyendo durante hora y media y me encontraba agotado. Salir a hacer fotos era lo último que me apetecía hacer. Resultaba mucho más fácil tumbarse, cerrar los ojos y caer profundamente dormido…

Por desgracia, un demonio en mi interior me hostigó con su tridente para animarme, para que me desperezara y saliera a hacer algo. "Ahí afuera está la luna llena —susurró en mi oído—y ya sabes, no hay mejor momento que el presente". La atracción de *la lune* me sacó de mi estupor y me empujó a interrumpir mi reposo; en mi fuero interno yo era consciente de que, si algo puede salvarte es buscar en ti mismo la inspiración y forzarte a salir. Me dije que, al final, tendría tiempo de sobra para dormir —como ocurre siempre.

Así que me hice un té bien cargado, me di una ducha, metí la cámara, la tarjeta del metro y unos pocos dólares en la bolsa y despegué hacia Roosevelt Island. De camino pasé por la tienda del barrio a comprar agua. A continuación, doblé en la siguiente esquina para coger el metro entre la 33 y Park. Allí, al atravesar el cruce, me encontré frente a una enorme flecha que parpadeaba. El tráfico estaba siendo redirigido por obras. Oportunamente, alguien había improvisado una pequeña isleta, con tres conos de color naranja, en el centro del paso peatonal. En ese mismo sitio me agaché, acomodándome como pude y, armado de paciencia, disparé con la cámara a lo que más tarde sería "Los fantasmas de Manhattan", una serie de imágenes peculiarmente enigmáticas que plasmé con ayuda de una velocidad de obturación lenta y la tenue luz de la noche.

Después de haber hecho las fotos, bajé al metro y cogí el 6 en dirección a las afueras; pero, por error, me bajé una parada antes de tiempo. Afortunadamente, parece que siempre hubiera una buena razón detrás de tales equivocaciones; yo, al menos, trato de descubrir la oportunidad escondida en cada una de mis pequeñas crisis. Y así fue cómo, caminando por la estación equivocada, di con un soberbio muro de vivos colores que me invitó a pararme y fotografiar a la gente que pasaba.

Luego salí por la boca de metro de la 50 y Lexington Avenue, y atravesé varias manzanas hasta llegar a la estación del tranvía, entre las avenidas 59 y segunda. En el andén, mientras esperaba al tranvía que me llevaría por el East River a Roosevelt Island, saqué fotos de los autobuses y los coches al pasar.

La espera valió la pena porque, una vez más, logré plasmar en unas pocas —pero fascinantes— fotos el instante que estaba viviendo.

Cuando el tranvía se detuvo en la estación de Roosevelt Island, casi todos los pasajeros se dirigieron a la parada de bus más cercana o, dejando atrás un campo de beisbol, a lo que parecía ser un gran complejo de viviendas. Yo decidí tomar la dirección contraria; en lugar de girar a la izquierda, me fui directamente hacia la zona industrial más aislada de la isla, siguiendo un camino que hay entre el río y algo que daba la impresión de ser, sin más, la fachada trasera de varios edificios.

Caminé alrededor de una hora, tomando fotos mientras seguía el trazado circular que delimita la isla en su parte posterior. Eran fotos de mala calidad, oscuras y borrosas, pero me cautivó lo romántico de mi aventura.

Aunque ahora, pasado el tiempo, reviso las fotos de ese día con genuina satisfacción, lo que más me emocionó fue el viaje, el acto de desperezarme y salir a hacer algo estimulante, creativo y novedoso.

Me pareció intuir que aquello no era sino el principio de innumerables aventuras futuras; y me puse de repente a fantasear sobre posibles sitios a donde dirigirme a continuación: cada municipio con sus barrios característicos —Staten Island, Coney Island, el puente de Brooklyn, Astoria, Hoboken—, o cualquier zona de Manhattan que pudiera recorrerse a pie, y donde tuviese ocasión de tomar fotos espontáneas y a mi antojo.

Cuando, a las once de la noche, tomé el tranvía de vuelta a Manhattan, creí que estaba listo para volver a casa.

Sin embargo, al bajarme en mi parada, quise echarle un último vistazo al puente, y al volver la vista, reparé en que, ahí arriba, la luna se burlaba aún de mí, me provocaba, retándome a ir tras ella. En ese mismo instante supe que, después de todo, la vuelta se iba a demorar un poco más.

Y así, en pos de la luna, dio comienzo la segunda parte de mi aventura.

Por un momento barajé la opción de volver y, desde el tranvía, fotografiarla ahí en lo alto, mecida por el aire nocturno; pero luego cambié de perspectiva y, en lugar de enfocar hacia el cielo, probé a apuntar al agua.

Empecé a caminar en dirección al East River. De camino di con una espléndida pared de color rojo, e hice algunas fotos de larga exposición en las que el ladrillo hacía las veces de plano vertical.

Deambulé un rato por el paseo JFK tomando fotos y luego me desvié hacia el oeste, hasta llegar a York Avenue. Desde ahí caminé en dirección sur hasta que me encontré con el edificio de las Naciones Unidas. En la calle 42, antes de que la cámara se quedara sin batería, tomé algunas fotos más; solo entonces —poco después de la medianoche—, comprendí que era hora de volver a casa.

Al final había vivido otra gran aventura. La experiencia no hizo sino reafirmarme en el convencimiento de que debemos siempre perseverar, y aprovechar el día.

Aprovecha el día. No dudes, no postergues las cosas, el instante es ahora. Porque es fácil no intentarlo, dejar que se escapen todos los momentos extraordinarios que, en su transcurrir, hacen de nuestra vida algo único —si acaso porque nosotros lo permitimos.

Es fácil caminar sin rumbo y olvidar el propósito de nuestro caminar. Es fácil soñar pequeños sueños que nunca se cumplen, y tener el deseo de llevar a cabo solo la mitad de las cosas que otros quisieran que hiciésemos. Y cuando se quiere logar algo propio, es fácil rendirse a la presión y ahogarse en un mar de dudas.

Y aún más fácil es adaptarse y seguir las reglas, lo establecido; ser normal, sin más, ser parte del promedio. Carecer de originalidad y ser mediocre; usar la cabeza en contadas ocasiones; dejar que otros nos entretengan, sin ser conscientes de nuestra propia apatía.

Es fácil dejarse llevar por la emoción, suspirar, lamentarse por todo aquello que las circunstancias o el destino le

ha negado a uno, en vez de atrapar al vuelo la oportunidad que —por su férrea voluntad y su valiente esfuerzo— se le ofrece a todo hombre, la de acabar con la indecisión...
y finalmente *ser*.

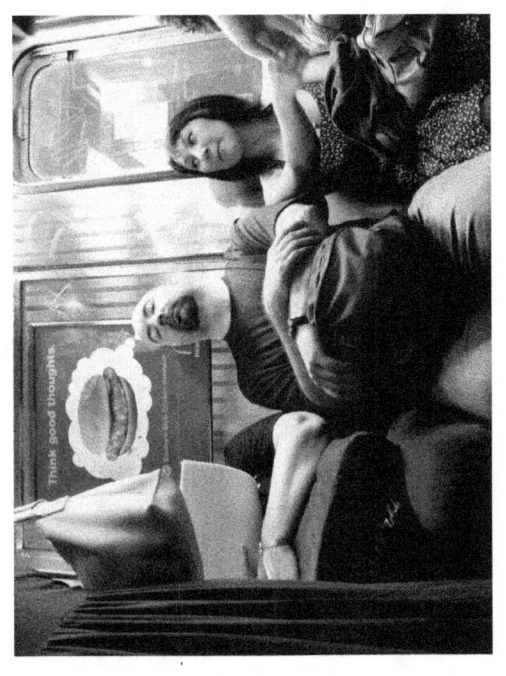

Lección 6: Si...

Cada noche, durante el tiempo en que viví en la Pequeña Iglesia, procuraba llamar a casa para dar las buenas noches a los chicos.

Quería saber cómo les había ido, qué habían aprendido aquel día; pero también que oyesen de mí algo significativo y provechoso, porque yo ya no estaba allí para leerles, como solía hacer, sus cuentos de antes de dormir.

Así que, en lugar de esa cómoda rutina paterna de cada noche que ya no les podía ofrecer, concentré mis esfuerzos en que nuestras conversaciones telefónicas derivaran en algo que les entretuviera o les enseñara alguna cosa fuera de lo común.

A veces me inventaba historias con bizarras aventuras que yo mismo había protagonizado "¡no te lo vas a creer! ¡Esta mañana, de camino al trabajo, he tenido que enfrentarme a una manada salvaje de monos de color naranja!"

Otras veces, compartía con ellos breves citas que tuvieran algo de instructivo, o pasajes interesantes de algún artículo científico; y de vez en cuando recitaba poemas.
Si su madre ya les estaba preparando para irse a dormir, o si algo les distraía, no me prestaban toda su atención; pero yo ponía todo mi empeño en contarles algo que para ellos fuera significativo. Aunque fuese en la distancia; aunque fuese un simple "os quiero".

Una noche les recité algunos fragmentos del inspirador poema "Si", de Rudyard Kipling. Me pareció que era la mejor forma de darles a conocer y dejar en su memoria el mensaje que, a mi entender, transmiten a la perfección las palabras del poeta: mantén la calma en todo momento.

Porque uno ha de estar siempre dispuesto a asumir lo que la vida le depare. Y para estar siempre alerta y reaccionar, es fundamental mantener la compostura.

Poemas como éste me ayudaron a encontrar, mientras crecía, mis propios valores sobre la madurez y la capacidad de ser adulto. A diferencia de lo que promueven algunos de los valores tradicionales de nuestra cultura, yo sentía —en mi fuero interno— que la prudencia, el compromiso y la comunicación eran mucho más importantes que cualquier tipo de beligerancia, o habilidad para defenderse.

Por otra parte, la expresión poética de aquellas palabras me resultó de gran ayuda en la situación que estaba atravesando; me permitió afrontar la dolorosa frustración que me causaba la imposibilidad de ver a mis hijos y de tenerme que comunicar con ellos como una voz invisible; la ligera sensación de rechazo que sentía cuando se mostraban más atentos a otras cosas —ya porque fueran más interesantes, o porque las tuvieran más cerca— que a mis palabras, y el malestar que acompañaba a los arrebatos de arrepentimiento, culpa, pena y soledad.

Y era entonces cuando encontraba alivio en esos versos iniciales que dicen: "Si puedes conservar la cabeza cuando todos a tu alrededor la pierden y te culpan de ello", porque me daban a entender que, tanto a mis hijos como a mí, nos iba a ir bien, que saldríamos adelante; que, de una u otra forma, convertiríamos las dificultades en oportunidades únicas para adentrarnos en lo desconocido, aunque solo fuera porque no saber hubiera sido aún peor que preguntar, sin más: "¿y qué si…?"

Cuando, en los meses que siguieron al traslado a la Pequeña Iglesia, recorrí las calles de Nueva York —especialmente al caer la noche—, me encontré una y otra vez en situaciones difíciles de las que, para salir airoso, me vi obligado a mantener la calma.

El simple hecho de vivir en Nueva York implica acostumbrarse a este tipo de situaciones, que se presentan con facilidad si, como hice yo con mis amigos durante varios años, va uno en busca de aventuras. Escurrirse a hurtadillas por los tejados, o por recónditos pasajes de edificios —privados o públicos—, en fiestas o eventos sociales; persuadir a los porteros para entrar sin invitación y sin que tu nombre aparezca en "la lista". En la ciudad siempre está pasando algo emocionante pero la mayoría de las veces no estás invitado, o no tienes los recursos necesarios para estar ahí; eso, sin embargo, rara vez me ha detenido.

De una forma u otra, si quería llegar hasta ahí, llegaba, a sabiendas incluso de que me metería en algún lío, o de que acabaría teniendo que dar explicaciones ~~sobre mi presencia~~. Las más de las veces, mis compañeros de fechorías y yo hemos salido airosos y~~, por ende,~~ hemos vivido experiencias extraordinarias. Y el motivo era, casi siempre, que éramos capaces de guardar la calma, de permanecer imperturbables; la confianza que emanaba de nosotros nos hacía pasar desapercibidos.

La buena fotografía requiere una gran desfachatez, como a menudo he podido comprobar. No solo porque te abre las puertas de situaciones irrepetibles; también te da el poder de hacer ciertas fotos ante las que la mayoría de la gente se amedrenta, por miedo a lo que puedan decir o a que les miren mal; porque les atemoriza la posibilidad de que tocarle las narices a alguien devenga en tensión y acabe en algún que otro altercado, o en cualquier situación en que su actitud resulte extraña o fuera de lugar.

Esos temores son, casi siempre, bien fundados; no obstante, es fácil salir airoso de casi cualquier situación si la manejas con una sonrisa, con un ligero aire de arrogancia que diga: No hay nada extraño en que yo esté aquí.

Como sugiere el poema, aunque se caiga el cielo, agarra bien el objetivo, dispara, y luego corre como el diablo y busca refugio.

La idea es mantener siempre la calma. Aprende y practica el Zen. Nada es nunca tan malo como parece. Sé consciente en cada momento, mantente preparado y actúa simplemente cuando te lo indiquen tus sentidos. Si mantienes la calma y la serenidad evitarás que te atropelle un coche, que otros se sientan ofendidos, o que te cojan al entrar en propiedad ajena.

Si...
por Rudyard Kipling

Si guardas en tu puesto la cabeza tranquila,
cuando todo a tu lado es cabeza perdida;
Si tienes en ti mismo una fe que te niegan,
y no desprecias nunca las dudas que ellos tengan.

Si esperas en tu puesto sin fatiga en la espera
si engañado no engañas,
si no buscas más odio
que el odio que te tengan...
Si eres bueno y no finges
ser mejor de lo que eres,
si al hablar no exageras
lo que sabes y quieres...

Si sueñas, y los sueños no te hacen su esclavo
si piensas y rechazas lo que piensas en vano,
si tropiezas el triunfo y llega tu derrota
y a los dos impostores les tratas de igual forma...

Si logras que se sepa la verdad que has hablado
a pesar del sofisma del orbe encanallado,
Si vuelves al comienzo de la obra perdida
aunque esta obra sea la de toda tu vida...

Si arriesgas en un golpe, y lleno de alegría,
las ganancias de siempre a la suerte de un día;
y pierdes, y te lanzas de nuevo a la pelea
sin decir nada a nadie de lo que es y lo que era...

Si logras que tus nervios y el corazón te asistan
aún después de su fuga de tu cuerpo en fatiga
y se agarren contigo cuando no quede nada
porque tu lo deseas y lo quieres y mandas...

Si hablas con el pueblo y guardas tu virtud,
si marchas junto a reyes con tu paso y tu luz,
si nadie que te hiera llega a hacerte la herida,
si todos te reclaman y ni uno te precisa...

Si llenas el minuto inolvidable y cierto,
de sesenta segundos que te lleven al cielo,
todo lo de esta tierra será de tu dominio,
y mucho más aún: serás hombre, hijo mío.

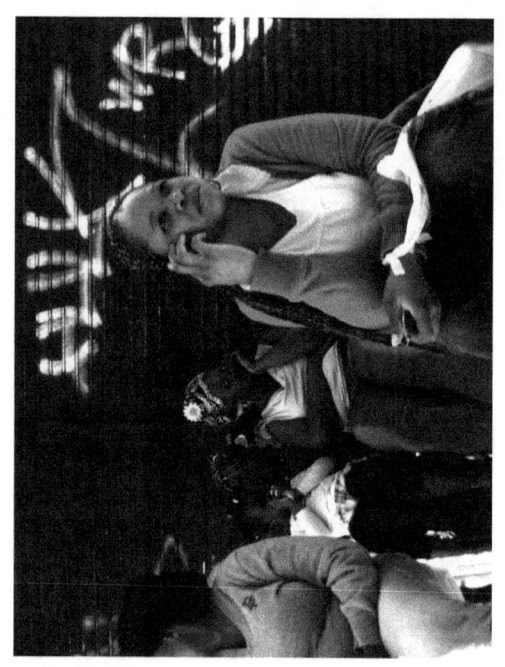

Lección 7: Alcanza el equilibrio

Antes de la separación me consagré, durante largas temporadas, a la rutina de levantarme a las cuatro de la mañana, para dedicar una hora a la lectura y la escritura, respectivamente. Después hacía ejercicio en el salón de casa o en el gimnasio de la empresa. Ahora que estaba separado y vivía a tres manzanas de la oficina, tenía a mi disposición todas las horas que antes ocupaba en ir y volver del trabajo. Irónicamente, en lugar de buscar un poco de relajación, lo único que se me ocurrió fue apretar el ritmo para aumentar la productividad.

De modo que, para ocupar el tiempo, empecé a hacer ejercicio dos veces al día, una por la mañana y otra, de nuevo, después del trabajo. El ejercicio regular me ayudaba a mantenerme alejado del estrés y a desechar los pensamientos improductivos.

Hace ya varios años que me empecé a esforzar, de manera consciente, por mantener un equilibrio en la vida, por alcanzar una estabilidad y tener los pies en la tierra, a pesar de que a mi alrededor —o en la situación en que me vea inmerso— reine la confusión.

Podría decirse que mantener un equilibrio equivale a la parte fisiológica del autocontrol mental, y requiere una profunda y permanente consciencia de uno mismo y de cómo se siente el cuerpo.

Además de alcanzar el equilibrio en situaciones que me supongan un reto físico, esta actitud me ha permitido, a menudo, escapar de la algarabía cotidiana y recuperarme —dentro del limitado tiempo de que dispusiera para mí mismo— por medio de distintas formas de relajación, en esos escasos momentos de libertad en que nadie te está pidiendo que mires, reacciones, respondas o escuches.

El ejercicio más efectivo que he podido encontrar en los diez últimos diez años consiste simplemente en "dejar caer mis hombros". Su práctica requiere que relaje, literalmente, los hombros, siempre que percibo que están encorvados por la ansiedad, la impaciencia o el estrés. Otros signos de alerta que me avisan para que preste atención a mis hombros son los dientes apretados, el ceño fruncido o las piernas temblorosas. Ser consciente de mi estado de ansiedad, por insignificante que parezca, y, acto seguido, hacer algo para aliviar la tensión, me ha resultado siempre una forma eficaz de controlar el estrés.

Además de controlar el estrés, como ya digo, haciéndolo consciente, pongo en práctica una forma de "tai chi" poco ortodoxa que a mí me gusta llamar "lo-chi"; tal como yo lo veo, este ejercicio juega un papel fundamental en mi capacidad de alcanzar el equilibrio cuando salgo a hacer fotos. También me resulta útil practicarlo cuando me reto a mí mismo a tomar fotos complicadas que implican esquivar coches, encaramarse a cornisas para captar insólitas perspectivas de la calle a varios pisos del suelo, con las piernas trabadas en alguna barandilla, o huir de las unidades policíacas caninas.

También puede ser útil para aquellos que toman fotos en plena naturaleza salvaje, que se aferran a escarpados acantilados o trepan a empinadas cuestas de montaña, solo para alcanzar la cima y tomar esas panorámicas del valle que quitan el aliento.

No obstante, tanto si estoy haciendo ejercicio, controlando mi estrés cotidiano o haciendo fotos, el aspecto que me parece más relevante en este intento de alcanzar un equilibrio es el hallazgo de que uno lo debe lograr por su cuenta; uno debe alcanzar un equilibrio por sí mismo y desde su interior, y cualquier subordinación a otros en el empeño está abocada al fracaso.

Esta mañana me encontraba descaradamente inconformista. Rompí con la costumbre… y me sentó bien.

Me levanté, como es habitual, a las cuatro de la mañana, me hice mis cuatro tazas de café y empecé a leer y a escribir. Pero esta vez, en lugar de alargar una hora el estudio, como venía haciendo religiosamente el último mes, cerré "El arte de la Felicidad", del Dalai Lama, y me fui con mi taza a la alfombra del salón.

Sentía la acuciante necesidad de renovar mi rutina de ejercicios. Y así, allí y en ese mismo instante, reorienté todas mis energías hacia los estiramientos, la meditación y otros ejercicios.

Pero esta vez le di un enfoque distinto por completo, y me sentí bien.

A lo largo del proceso aprendí una lección vital sobre el arte de vivir.

En lugar de dar preferencia, como tengo por costumbre, a una forma de movimiento u otra, esta vez me dejé llevar y me moví con la música a mi antojo, tal como sentía que la música me iba pidiendo. Sin una pizca de vergüenza, mezclé los estrictos estiramientos de un corredor veterano, un falso tai-chi, el yoga, la meditación, medio año de boxeo y toda la energía del último y gran Jack la Laine reencarnado. En definitiva, el resultado final fue un sorprendente galimatías.

Pero cuando de veras sentí liberación a través de mi entrenamiento fue cuando incorporé el baile. Supongo que esto puede dar lugar a muchos malentendidos; alguien podría, por ejemplo, llegar a la conclusión de que acabé haciendo "aerobic". *Au contraire*, de veras pienso que lo que hice fue algo un poco más fluido que lo que hacen Richard Simmons o Suzanne Somers, puesto que me movía con una intuición kinestésica perfeccionada por años de entrenamiento, que me permitía desenvolverme con espontaneidad en esta improvisada rutina. El ballet clásico y el folclórico; el merengue y los bailes de salón, la salsa y el jazz moderno —y, lo más importante, todos esos años adolescentes de baile estático en la soledad de mi cuarto—, se entremezclaron para dar rienda suelta a la inspiración y, en cierto modo, a la liberación del alma.

Lo que gané con todo eso, además de un momento de disfrute, libre de las ataduras de los estereotipos de los géneros, fue un poco de sabiduría aplicable de forma inmediata a cualquier cosa —o así fue como lo sentí yo.

Aprendí que uno debe consagrarse, con voluntad férrea y perseverancia, a romper los límites de todo lo aprendido, y a permitir a la intuición que recombine todo de nuevo, para acabar teniendo una fuerza creativa que encaje a la perfección, con espontaneidad, en la naturaleza de uno, y aproveche la voluntad del momento.

Porque, a lo largo de nuestras vidas, aprendemos a hacer muchas cosas de una forma determinada y, sin darnos cuenta, nos aferramos a esa forma aprendida -sobre todo, cuando otros participan en el proceso. Así que, ya se trate de nuestra manera de expresarnos, de movernos o comprometernos con los demás, en más de una ocasión seguimos la estela de lo aprendido y tendemos a quedarnos ahí.

Y así, esta mañana me di cuenta de lo grandioso que fue dejar que, simplemente, todo fluyera de forma natural, para que pudiera recrear para mí mismo *The way*, con un plié, un sashay y un jiggy, -si acaso, tan solo porque me hizo sentir bien. Rejuvenecido, me fui de un salto a la ducha y, seis minutos antes de las seis, me apresuré hasta la parada del autobús.

En realidad, corrí. Y me sentó bien.

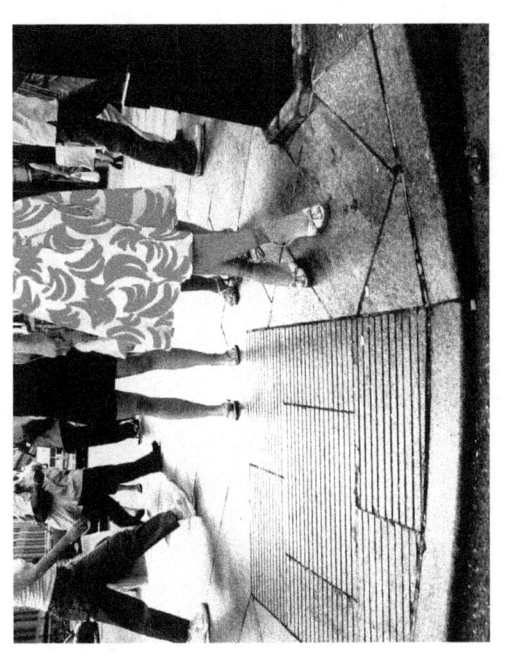

Lección 8: Date a conocer
(Se audaz)

Audentes fortuna juvat
La fortuna favorece a los audaces
Virgilio, Aenis

Una mañana despejada decidí improvisar una excursión a Hoboken, New Jersey, un conocido lugar frente al Río Hudson, a las afueras de Manhattan.

En una de las fotos que tomé, el reflejo sobre el agua era tan intenso, y la imagen, tan similar a la luz que emanaba de los edificios, que se me antojó darle la vuelta.

Más adelante, descubrí que me había dado a conocer. Como pude comprobar después de publicar la foto en la red, la imagen había causado esa misma impresión en muchos otros.

La lección que ese día aprendí es que tratar de ser diferente es imperativo, ya sea como persona, como artista o como fotógrafo.

En este último caso, esa premisa es de obligado cumplimiento porque, de no tenerla en cuenta, acabarás haciendo un montón de fotos formales, aburridas y de mala calidad, como haría cualquier otro fotógrafo aficionado —de los que tanto abundan desde que se inició la revolución digital.

De todos los métodos fotográficos atrevidos que he incorporado a mi rutina y pongo asiduamente en práctica, uno de los más audaces consiste en colocar la cámara en algún terreno, en el suelo o en la calle. Como ya supondréis, siguiendo este proceso me han echado a patadas, me he tropezado y me he metido una y otra vez en atolladeros; pero, con el paso del tiempo, perfeccioné la técnica y descubrí formas más hábiles —y menos intrusivas— de captar la belleza que se esconde en ese ángulo tan inusual.

Además de los aspectos mentales, emocionales y psicológicos de la vida de cada cual, darse a conocer implica un esfuerzo por ser uno mismo; alcanzar un yo que, por naturaleza, no se incline hacia una visión de la realidad en blanco y negro, sino hacia el equilibrio en la diversidad de formas en que uno expresa quién es, quién quiere ser, y en quién se está convirtiendo como individuo.

Sin embargo, para alcanzar esta evolución hace falta cierta audacia, un atrevido acto de fe en uno mismo que, al cabo resuene como un eco en los demás.

La creatividad, el éxito, la originalidad y la individualidad van acompañadas de una ruptura con el estatus quo, requieren que volvamos las cosas un poco del revés, que encontremos el lugar adecuado y lo interioricemos para contemplarlo todo como si fuera la primera vez.

Cuando nos separamos, mi mujer y yo fuimos a ver a un terapeuta, el doctor Om Feelgood. Antes de eso habíamos acudido a una trabajadora social, pero no funcionó porque ella, más que guiarnos con neutralidad, daba la impresión de haberse puesto de parte de mi mujer desde el primer momento, y apenas nos daba consejos instructivos. Las visitas empezaban invariablemente con la misma pregunta, una y otra vez: "Bueno, ¿de qué queréis que hablemos hoy?", y luego se sentaba ahí, sin moverse, durante un par de minutos que se prolongaban en un incómodo silencio.

El doctor Feelgood, por el contrario, pareció encauzar de inmediato cada sesión sugiriéndonos ejercicios que ambos poníamos en práctica de común acuerdo. Diré también que la terapia cognitiva del comportamiento que usaba encajaba más con mis propias ideas sobre cómo resolver nuestras disputas matrimoniales y aliviar la tensión.

Además, durante una de las sesiones, el doctor plantó la semilla de algo que me inspiró a perseguir la fotografía con pasión; y que, tal vez, estaba llamado a ser una de las razones por las que, finalmente, un año más tarde, pediría una segunda separación.

Aquel día estábamos hablando sobre el motivo de que yo pasase tanto tiempo a solas con el ordenador. Yo dije que llevaba años dedicándome a la escritura, una actividad esencialmente solitaria que no podía realizarse junto a alguien que estuviera viendo la tele o haciendo cualquier otra cosa. También mencioné de pasada que a lo largo de los últimos años había sacado adelante varios proyectos creativos; y aunque había

42

tenido aspiraciones de ser artista o escritor, no llegué a perseguir seriamente mis objetivos, porque opté por el camino más directo, más estrecho y conservador de "hacer lo correcto".

Tal como a otros muchos les sucede, a medida que cumplía los distintos sacramentos de la vida moderna empecé a moverme en círculo: trabajo profesional, matrimonio, hijos, trabajo empresarial mejor pagado, traslado de la ciudad al extrarradio. En consecuencia, asumía menos riesgos, apostaba por lo seguro; pero mi alma, a su vez, —anhelante por encontrar sus límites—, se empezó a marchitar, tenía hambre de salir ahí fuera y vivir lo desconocido, ardía en deseos de darse a conocer.

"Es en ese preciso intervalo —señalo entonces, a modo de respuesta, el doctor—, de los treinta y muchos a los cincuenta y pocos, cuando muchos artistas emergen e inician la producción de algunos de sus trabajos más innovadores y valiosos." Yo había leído varios libros —y asistido a unos cuantos cursos— sobre el éxito, el talento, la creatividad y la excelencia, a lo largo de los años, y nadie me había hablado de ese fenómeno que explicaba el doctor; de inmediato, me dí por aludido.

¿Cómo podía ser que a mí me faltase la motivación necesaria para salir del cascarón y entrar por fin en mí mismo, ser todo lo que siempre había querido ser?

Es cierto que, después de mi traslado a la Pequeña Iglesia, atravesé varios momentos difíciles; pero, también, la visión que tenía de mí mismo se hizo más real. A lo largo de esos pocos y enriquecedores meses deseé —y experimenté— muchas cosas sublimes: la transcendencia de uno mismo, las conversaciones con lo divino, una suerte de dicha etérea, y la manipulación y creación del tiempo; la supervivencia y superación de las circunstancias; la comprensión de una pasión y, a partir de ahí, el descubrimiento de un talento sin utilizar; y quizá, lo más importante, la comprensión de que yo tenía el control de mi propio destino.

Cuando estás dispuesto a ser tú mismo y, por fin, encuentras el valor para ser diferente, tu recién descubierta valentía se refleja también en tu arte. Yo descubrí que, a partir del intrépido paso hacia la realización personal que di en mi vida, esa audaz actitud y mi determinación se vieron de inmediato reflejadas en la manera en que me desenvolvía y tomaba fotos, en la elección de objetos y personas a los que fotografiaba, y en lo que hacía con las fotos, una vez que llegaban a la mesa de edición.

Enseguida fui criticado por el interés que, fruto de ese coraje, ciertas cosas despertaron en mí; entre ellas, la tendencia a sacar fotos de la vida cotidiana, el gusto por secuencias de fotos que a mucha gente le "parecían iguales", y la técnica de "recortar", que con el tiempo se convirtió en uno de los rasgos más característicos de mi visión artística.

Gustave Flaubert dijo una vez que "los pensadores no deberían tener ni religión ni patria, ni convicciones sociales de ninguna clase". Del mismo modo, la mente, el corazón y el alma de uno deberían inspirarse en este principio general tan maleable, adaptable y poco determinado.

Además de ser —y de llegar a ser— quienes realmente somos como individuos, actitudes como el atrevimiento, el coraje, o darse a conocer sin temores, suponen también la aceptación de que nuestras vidas nos pertenecen; de que el destino está, de hecho, bajo nuestro control, para manejarlo y darle forma. Las circunstancias, la naturaleza, la formación, y todos los profesores, autoridades y figuras de inspiración de nuestra vida ejercen, sin más, una cierta influencia en nosotros; pero nuestros destinos no están en sus manos. Solo nosotros tenemos ese poder.

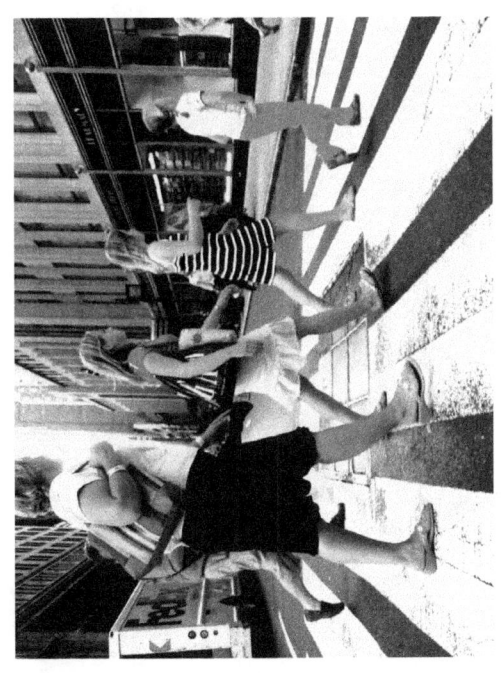

Lección 9: No te tomes a ti mismo demasiado en serio

Aprende a reírte de tus problemas y
nunca te quedarás sin cosas de que reírte.
Lyn Karol

Mi mujer y yo decidimos que iría a casa los fines de semana para echarle una mano en las tareas domésticas y estar con los chicos. La posibilidad de estar con nuestros hijos —sobre todo cuando pasábamos un rato divertido juntos— bien merecía las molestias y la incomodidad de dormir en el sótano.

Uno de esos fines de semana celebramos el sexto cumpleaños de mi hijo mayor. Y aunque ocuparse de cuatro niños traviesos en un ambiente de fiesta puede volverle a uno loco, sus precoces payasadas me entretenían y me inspiraban enormemente.

Mis hijos me enseñaron cómo pasarlo realmente bien, cómo dejar de ser consciente de uno mismo, cómo hacer el tonto y, lo más importante, cómo dejar de tomarse a uno mismo demasiado en serio.

Hace tiempo que creo que, si la gente tiene problemas, es porque se toman a sí mismos —y los problemas— demasiado en serio. Puede que el motivo sea simplemente que, en lo tocante a sus vidas, ciertas personas tienden a ser melodramáticas; de entrada, sus vidas no son demasiado emocionantes y, por eso, crean una excitación artificial, invitando a la paranoia, el drama y otras hipérboles emocionales a que entren en su vida.

La mayor parte de la gente tiene necesidad, por encima de todo, de desaprender lo que han aprendido, vivirlo todo con menos seriedad; de lo contrario, en su intento por alcanzar ideales ridículamente elevados, el estrés se apodera de ellos.

Cuando seas capaz, de alguna manera, de integrar el juego en tu trabajo; cuando te rías de todos tus errores, o cuando sonrías a diario con frecuencia, hallarás que estás logrando algo que merece la pena. Si no puedes silbar mientras trabajas, si te sientes infeliz una y otra vez cuando te esfuerzas por algo, quizá haya llegado el momento de que, o bien busques otra orientación profesional, o cambies tu actitud (al menos, hasta que encuentres otro trabajo).

Muchas de las personas de más éxito de la historia disfrutaban enormemente al esforzarse porque, a menudo, les encantaba lo que hacían. A su vez, a medida que mejoraban en lo que hacían y lograban fama, fortuna, y reconocimiento a su talento, ese reconocimiento, esos elogios y el apoyo recibido les servían de motivación para trabajar más duro, les empujaban a jugar más fuerte, y en su interior se reforzaba la creencia de que estaban haciendo lo correcto y pasándolo bien mientras lo hacían.

A lo largo del año que siguió a mi separación, el éxito y el reconocimiento a mi trabajo fueron en aumento; ese fenómeno vino pronto acompañado de una mayor demanda de mis fotos en la red, en revistas, exposiciones, disertaciones doctorales —¡e incluso para fundas de portátiles! Empecé a sentir una considerable presión para encargarme de ciertas tareas administrativas como, por ejemplo, ajustar las fotos a las normas específicas de cada revista, editor o director. Tuve que aprender y decidir cómo imprimir mis fotos, cómo aumentar la calidad de su resolución, cómo enmarcarlas, y así sucesivamente.

Todo esto reducía mi ya escaso tiempo disponible para hacer las fotos, pero también el mero placer que me proporcionaba hacerlas. No tardé en llegar a la conclusión de que el éxito no es tan idílico como uno piensa.

También comprendí que, cada cierto tiempo, tenía que dejar de tomarme tan en serio a mí mismo; más allá de la foto en sí, no todo tenía que ser tan perfecto como yo hubiese deseado. O, para ser más exactos, tan bueno como otros exigían que fueran mis fotos finales. Tenía que recordarme a mí mismo que "divertirse" era más importante que todo lo demás: los elogios, la crítica, la ganancia económica, los nuevos y viejos amigos que, de repente, salían de debajo de las piedras.

Muchas de las personas más "exitosas" son también las que más disfrutan la vida. Su pasión es su juego, y su juego un brindis por su pasión. No hay nada como la moda, las tendencias o el trabajo para ellos... salvo que la alternativa les sirva como excusa para no tener que atender las demandas, menos importantes, de los demás.

Además, esas personas ejemplares lo pasan bien porque ignoran y aborrecen las formas socialmente prescritas de expresar sus pensamientos, inclinaciones y personalidades; huyen de ellas, sin más. Por eso se les tacha a veces de extraños e inusuales, estrafalarios y originales individuos que abrazan lo excéntrico.

Así que deja que brille tu idiosincrasia cuando haces fotos. No te tomes a ti mismo demasiado en serio y, desde luego, no tengas miedo de tomar aún menos en serio la opinión de los demás. A la gente le gustan las personas que se gustan a sí mismas. Eso mismo expresarán tus fotos, si son de veras una expresión de tu propio yo.

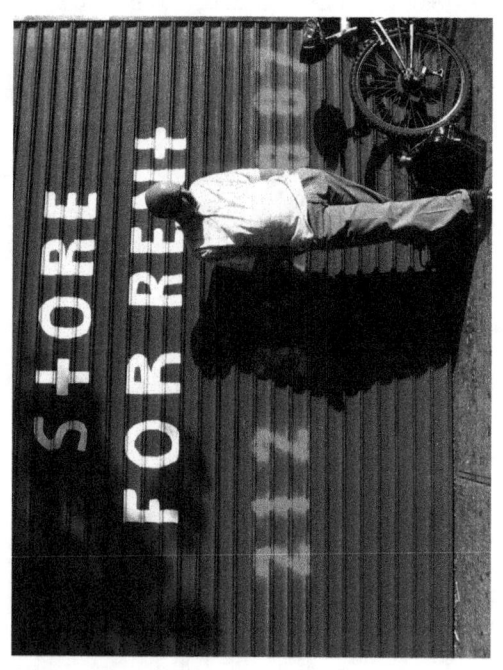

Lección 10: conócete a tí mismo

*Todo cuanto la gente crea es una proyección
de lo que hay en su interior.*
Stuart Lichtman

Hago muchas fotos a mis hijos.

De hecho, en los últimos seis años les he sacado, literalmente, miles de fotos. Son muchos los padres que, con la llegada de las fotografías digitales y los sitios en red para publicar, comparten este caprichoso empeño mío, esta obsesión.

Y sin embargo —como no ha dejado de observase y comentarse en repetidas ocasiones a lo largo de los años—, con o sin mis hijos, yo apenas estoy presente en ninguna de mis propias fotos.

Me viene a la memoria un fin de semana en que estaba en casa y subí al estudio, que está empapelado, de arriba abajo, con escenas de los niños; al ver todas aquellas fotos, se me dibujó en la cara una sonrisa de admiración y pensé: "qué poco saben los críticos en realidad".

Porque lo que yo veía en aquellas reverenciadas paredes no eran sino reflejos de mí mismo en miniatura; allí, en la estantería, en el escritorio y desparramadas por la casa, había preciadas imágenes de mis pequeños "yoes". En esencia, nuestros hijos son símiles de nosotros mismos.

Y esto puede ser particularmente cierto si les amamos, les guiamos y les mostramos cómo ser y en qué no convertirse mediante nuestras propias acciones.

Nunca serán, qué duda cabe, réplicas perfectas de nosotros porque, casi de inmediato, empiezan a desarrollar su propia idiosincrasia, a menudo como reacción a lo que observan en nosotros.

Mis hijos no son el único reflejo de mí mismo. Cada fotografía que he tomado ha sido una clara expresión de mí propio ser, mi visión y amor por la vida; un esfuerzo que describe en detalle las peculiaridades de mi perspectiva, de los matices de luces y sombras que elegí y que, en un instante de clarividencia, despertaron mis sentidos; de la gente y las lúdicas pretensiones que deseo recordar con delicia, y de todos los momentos tiernos y cálidos de mi vida que, finalmente, se rindieron a un solo click del botón.

Recuerda que la cámara no es sino una extensión de nosotros mismos. En consecuencia, debes cuidar de que tus fotos reflejen quién eres, lo que ves, y en qué consiste tu vida; porque en ellas, al cabo, está contenida una historia visual de tu identidad, de lo que haces y de los sitios en que has estado.

Así, además de conocerte a ti mismo y ser consciente de que tu arte es un íntimo retrato de tu vida, debes conocer igual de bien tu equipo.

Como en los ejercicios de montaje del fusil que vemos en los desfiles militares, agilidad y precisión consumadas son también requisitos para el fotógrafo competente, que ha de manejar su propio equipo con tanta agilidad, y conocerlo tan en profundidad como un soldado su arma.

Por tanto, familiarízate con los ajustes de tu cámara, léete más de una vez el manual, practica y vuelve a practicar la instalación del mini trípode de mano.

Cuando manejas tu cámara como su fuera un apéndice de ti mismo acabas tomando muchas buenas fotos, y muchas menos de las malas.

Me llevó un tiempo pero, después de aproximadamente un año de hacer fotos a cada cosa y a cada persona, comprendí que el autorretrato es una forma idónea -y honesta— de conocerse a uno mismo. Algunos fotógrafos lo encuentran fácil, pero muchos de ellos —por no decir la mayoría—, lo evitan.

Como quiera que sea, desafíate a ti mismo; no tengas miedo de ver quién eres realmente, ni de ver cómo te ven los otros. Más importante que nuestra apariencia exterior es la necesidad de aceptar que tú eres esa persona. Y si no te gusta lo que ves, puede que sea el momento de hacer cambios.

Otra forma decisiva de conocerse a uno mismo es la soledad. Todo el mundo debería tomarse su tiempo para estar a solas. Tan importante para la propia recuperación como cerrar los ojos por la noche es el tiempo que nace en nuestro interior. En realidad, nuestros días son —en su mayor parte— el drama de ver consumirse nuestra energía en los demás; así que es solo en esos momentos de soledad que el trabajo más real se lleva a buen fin; solo entonces puede uno pensar para sí mismo, y no para quienes demandan su tiempo, su energía y su atención.

Por eso, nuestra gran oportunidad de concentrarnos llega cuando somos capaces de aislar nuestro interior y ocultarnos para logar que todos y todo cuanto no nos es esencial quede-fuera. Y es entonces que podemos perfeccionar aquello que de veras importa para tener éxito en nuestra propia vida y, al cabo, hacer felices a los demás, porque nosotros lo somos también.

Para lograr la verdadera consciencia de uno mismo hay que hacer un esfuerzo adicional y, de vez en cuando, pasar un tiempo a solas. El Dalai Lama lo hace; Ralph Waldo Emerson lo hacía; Ansel Adams también; Edison, Einstein, Feynman, Picasso, Van Gogh, y muchos de los más grandes espíritus creadores y mentes inquietas del mundo conocieron el poder de la soledad.

A menudo, cuando volvía de mis caminatas por la ciudad, a eso de la medianoche, me sentaba en silencio en un banco de la iglesia a encontrar mi —largo tiempo perdido— yo.

Artistas, científicos, gurús o fotógrafos exitosos, todos saben que la soledad es el *sine qua non* de la creación, del descubrimiento y de la epifanía. Y para algunos, además, el medio de la salvación personal.

No hace falta decir que pasé largos momentos a solas durante mi separación matrimonial.

A veces me sentía un poco solitario. Mi soledad se intensificaba por el hecho de que había decidido no contar nada a nadie —ni la familia, ni los amigos o los compañeros de trabajo sabían que estaba separado de mi mujer y que estaba viviendo solo en una pequeña iglesia, a tan solo dos bloques de la oficina.

Pero, como el aspirante a escritor y a fotógrafo que era, me serví del aislamiento a modo de estímulo e inspiración, porque la soledad me permitió disfrutar de una cantidad de tiempo y espacio que nunca había tenido. Y se convirtió en una oportunidad sin precedentes para pensar, concentrarme y aplicar seriamente mi imaginación.

De cualquier forma, mi acentuado sentido de la independencia me obligaba a resolver la situación exclusivamente por mi cuenta.

Y eso fue exactamente lo que hice.

El gran poeta Walt Whitman acostumbraba a caminar a solas por Manhattan para reflexionar; también la fotografía es una excelente forma de pasar tiempo de calidad con uno mismo. Yo lo descubrí a fuerza de sinsabores, sumido en la confusión emocional; no obstante, el hallazgo me hizo sentir de nuevo plenamente vivo.

Por dolorosa que al final me resultase mi separación matrimonial, también me obsequió con una significativa cantidad de espacio; y la fotografía colmó otra vez mi vida de energía, empujándome a avanzar —no a retroceder— en el devenir diario.

No temas a la soledad; al contrario, lucha por ella. Porque menos es más. El espacio, tanto físico como mental, le da a uno sitio para respirar, pensar, crear y concebir. Porque el vacío puede conducir a la claridad, y a menudo es un terreno óptimo para la iluminación y la inspiración.

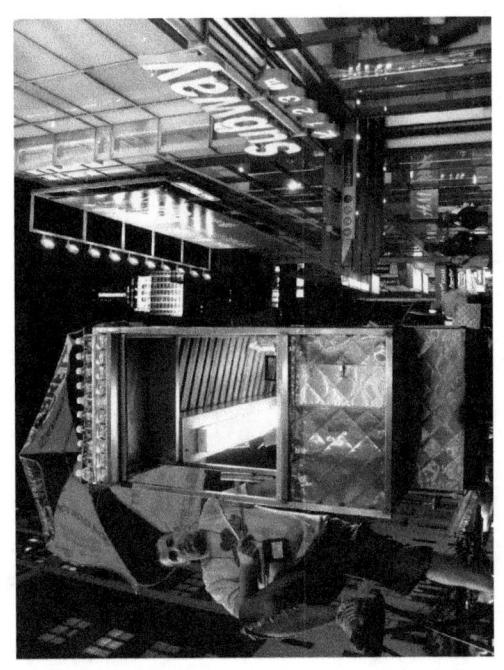

Lección 11: hazlo por tu cuenta

"¿Has leído Don Quijote?"
"Lo he leído, y me identifiqué con el héroe".
"Hazme el favor de leer otra vez el capítulo de los molinos".
"Capítulo trece".
"Acuérdate: Molinos; si luchas contra ellos, pueden mover sus enormes brazos y lanzarte al barro".
"O arriba, a las estrellas"

Cyrano de Bergerac,
Edmond Rostand

Cuando nací, en 1967, mis padres me llamaron "Lawrence"—por T.E. Lawrence—, después de que mi padre viese *Lawrence de Arabia*. Me dediqué a jugar con mi nombre hasta que al fin, pasadas varias décadas, transformé el homónimo en otro que encajaba con quien realmente soy, Lorenzo; que no solo es el equivalente español de Lawrence, sino también el nombre que muchos de mis familiares más mayores, por parte de mi padre, han usado siempre para dirigirse a mí.

Así que quizá no sea una coincidencia que yo me muestre imparcial, desde hace tanto tiempo, ante los solitarios, [1] esas figuras heroicas y trágicas que persiguen sus pasiones obsesivamente, a cualquier precio; y que, a pesar de su aislamiento emocional, encandilan al mundo con su personalidad exuberante. Los líderes emprenden a menudo sus tareas en solitario. Con cierta asiduidad, se ven empujados a reclutar a otros, servirles de inspiración y persuadirles de que se unan a ellos para lograr sus aspiraciones; pero la realidad, que es obstinada, les dice desde el principio: no importa cuánta resistencia encuentres, no importa cuánta gente diga que no es posible o que no se debe hacer como a ti se te ha ocurrido, no importa cuántas circunstancias adversas se interpongan; el líder ha de avanzar, abrirse paso a solas hasta lograr lo que se propuso hacer.

Esa es una de las motivaciones más primitivas y esenciales de los pioneros, que si acostumbran a ir por delante es porque en su naturaleza está tener el corazón, la mente y el alma puestos en el horizonte.

Una noche decidí explorar Williamsburg, la nueva bohemia de Brooklyn. De entre todas mis aventuras, esta iba a ser la más intrépida —o eso, al menos, imaginaba yo.

Me paré un momento en la estación de metro de la calle 14 a observar una entretenida imitación del *Beat it* de Michael Jackson, de uno de esos artistas que suelen actuar en los andenes.

De pie frente a la vía, una jovencísima chica contemplaba también el baile. Su aspecto y el look "quiero-ser-como-Mike" del artista callejero ofrecían un contraste admirable, y en mi mente se representó con claridad la imagen de sus figuras yuxtapuestas, de la que podía salir una estupenda serie de "recortadas". Y aunque advertí que la edición me iba a llevar varias horas, también supe que el esfuerzo merecería la pena.

Cuando acabó la actuación cogí el tren L hasta Lorimer Street, donde —sin mapa y sin la más mínima noción de adónde iba— empecé a caminar por las calles y a hacer fotos.

Pronto se apoderó de mí la sensación de que yo mismo, y todo cuando me rodeaba, éramos parte de la adaptación cinematográfica, en cine negro, de una novela de Ray Chandler, o de que acabaría como una de las víctimas en las famosas imágenes de la escena del crimen de Weegee.

Porque al caer la tarde me encontraba, literalmente, en medio de la nada, de la noche, completamente solo. A mi alrededor, los anodinos edificios industriales creaban un intimidante laberinto de oscuro hormigón y vastos pilares de acero oxidado. Había restos desparramados del "Daily News" y erráticos indicios de peligro por todas partes; crípticas señales de la presencia oculta de matones de barrio, sin nada mejor que hacer que salir a cazar inocentes fotógrafos.

Cada esquina parecía la turbia frontera de algún territorio marcado por una mano invisible, plagado de vallas metálicas arrancadas y edificios con grietas muy visibles, tan grandes como para que guerreros callejeros con enormes bates de béisbol de madera se colaran en su interior. Cada bloque estaba repleto de grafitis garabateados que advertían: "saca de aquí tu jodido culo, estúpido", y otras muestras de sabiduría urbana en forma de jeroglífico.

Para entonces yo estaba, como poco, receloso.

Con los nervios a flor de piel, crucé un puente —un pequeño puente levadizo sobre algún canal poco profundo— en tierra de nadie. No había indicaciones ni señales sobre dónde encontrar alguno de los grandes puentes, que me pudieran devolver al mundo más seguro, más amable y mejor de Manhattan.

Mientras caminaba, vigilando mi retaguardia cada poco tiempo, me di cuenta de que la ciudad de Nueva York no era tan grande como me había imaginado. Por supuesto, sabía que era GRANDE, con cinco distritos, nueve millones de personas y cientos de kilómetros de vías de metro para conectarlo todo; pero me había hecho una idea equivocada de lo bien desarrollada que estaba —o mejor dicho, que no estaba— la ciudad; di por hecho que se podía ir caminando a cualquier parte sin que la cálida acogida de las gentes y los lugares se esfumase.

Pero, en fin… ahí fuera, en las antípodas de la industria, no existía tal confort.

A pesar de mis dudas iniciales, me empeñé en seguir caminando, creyendo con ingenuidad que las luces circulares del puente de Manhattan quedarían pronto a la vista.

El plano de metro solo mostraba un croquis de los límites de cada distrito, decorado con un arcoíris de trayectos que, esporádicamente, se entrecruzaban aquí y allá. Así que, después de echarle un vistazo, concluí que estar tan alejado de cualquier vínculo con la civilización me hacía sentir realmente incómodo.

Por suerte, al levantar la vista del mapa vi un destello; en la distancia, un autobús urbano —salido, en apariencia, de la oscura nada— parecía acercarse a mí desde el otro lado de la calle, de vuelta —o eso esperaba yo— al punto de inicio de mi paseo.

Así que hice lo más sensato: atravesar la carretera en dirección al autobús —que, por una feliz casualidad, asomaba de repente, como un milagro, desde la vuelta de la esquina... ¡Oh, dulce *chariot,* que llegabas para llevarme a casa!

Más tarde, a salvo ya en mi cama de la Pequeña Iglesia, comprendí que, si en momento dado, hubiese girado en dirección errónea, me habría alejado del camino en diagonal hacia el puente que llevaba a casa. Solo al coger de vuelta la carretera que me llevó hasta allí pude ver lo errático que había sido mi paseo, y la suerte que tuve de tomar el camino acertado. Recorrimos cerca de un kilómetro y medio, sin rastro de zona residencial, vecindario o cosa alguna que indicase que tal vez habría sobrevivido —porque algún vecino compasivo hubiese venido a mi rescate— si mi peor pesadilla (despierto y caminando), tal como lo había imaginado en las dos últimas horas, se hubiera hecho realidad en forma de banda de jóvenes frustrados.

Durante el camino de vuelta por el puente levadizo, bloques de abarrotados apartamentos se arracimaban en un paisaje que, poco a poco, dejaba atrás los descampados, y que los neones de pizzerías, lavanderías y tiendas de licores iban salpicando de luz. Supe entonces que, al fin, estaba a salvo, y sonreí mientras me decía a mí mismo: "la próxima vez planearé esto con un buen mapa".

A lo largo de casi todo el trayecto de vuelta a Manhattan viajé con la impresión de estar solo —completamente solo— en la ciudad, las calles, la estación de metro, el tren.

De cuando en cuando, en la distancia, veía pasar unas pocas almas en tránsito como yo. Tal vez no estaba, entonces, realmente solo, sino que, simplemente, me sentía un poco en soledad.

Durante ese rato en Williamsburg pasé algo de miedo; pero, aunque parezca extraño, mi soledad aventurera y el peligro inherente a aquella situación me hicieron sentir cómodo. Y es que, a pesar de los riesgos, me había esforzado por hacer algo fuera de lo habitual; había salido en busca de nuevas experiencias, en lugar de rendirme al cansancio que, por lo común, me vence al caer el día.

Por añadidura, si encontrarme solo e indefenso presentaba desventajas, también supe ver las ventajas: No me tenía que preocupar de nadie más que de mí mismo; podía correr a más velocidad, entrar más fácilmente en propiedades ajenas y, lo más importante, tomarme mi tiempo. Esto último resultó ser de vital importancia en la evolución de mi modus operandi, porque podía optar por quedarme sentado en cualquier sitio durante el tiempo que se me antojara, hasta sentir que había exprimido todo cuanto podía dar de sí mi sesión fotográfica. De haber estado acompañado, podría haberme sentido obligado a volver antes de lo que quería, haber tenido que rendirme ante la negativa a trepar por las vallas, a escurrirse a hurtadillas por los callejones o a esperar, sin más, como yo hubiera preferido.

He aprendido que, a menos que se esté fotografiando un retrato, sacar fotos en la calle atrae a malas compañías. Porque el arte con mayúsculas es, las más de las veces, un acto individual de introspección y soledad.

Por norma, cualquier esfuerzo artístico serio es, en gran parte, un ejercicio creativo solitario. Uno debe concentrarse y aunar todas sus energías para encontrar el marco estético ideal. De lo contrario, uno se arriesga a pasar por alto algún detalle — un ángulo, una fantasía pasajera, el contraste que ofrece algún objeto, un matiz o una forma.

[1]En el original, hay un juego de palabras entre los nombres del autor ("Lawrence", "Lorenzo") y el término "loners" (solitarios), con un claro paralelismo fonético.

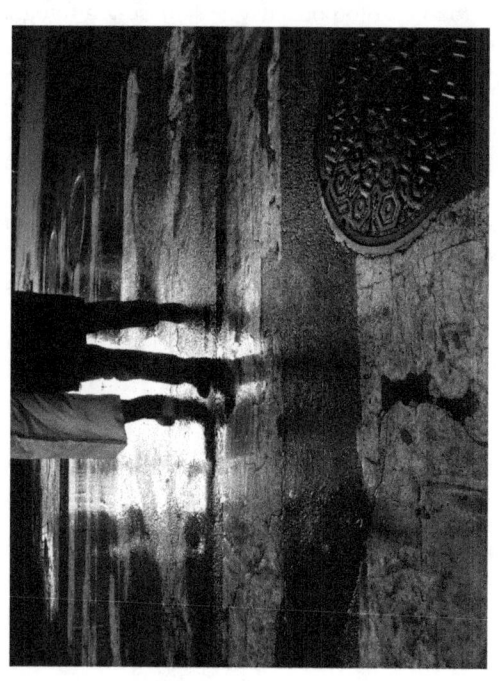

Lección 12: persevera

Una noche en que no tenía planeado ir a ningún sitio en particular, decidí dar un paseo por el East Side de Nueva York.

Durante la primera parte de la noche viví una fugaz epifanía que apenas sí duró una hora, porque pensé que los arriesgados incidentes a que me exponía en el transcurso de mis incursiones fotográficas —entrando en propiedades ajenas, corriendo junto a los vehículos, parándome, de espaldas al tráfico, en medio de las calles—, entrañaban mucho menos peligro para mi persona que para mi preciosa cámara, con la que me tomaba tantas libertades.

Esa noche en particular decidí, en medio de una tormenta pasajera, usar el disparador a distancia. La cámara, por suerte, no sufrió daños.

Ya había empezado a lloviznar cuando me crucé con la entrada del túnel Queens Midtown. Encontré una posición privilegiada en la pendiente de la entrada, y como salían unas fotos muy originales, apreté el disparador a distancia. Absorto en la emoción, no tuve tiempo de pensar en las consecuencias de mis acciones.

Otros —por desgracia, y para mi consternación— sí que habían encontrado tiempo para hacerlo.

Por el rabillo del ojo me percaté de que, desde distintos laterales de la entrada del túnel, despacio, pero sin pausa, dos patrulleros se aproximaban hacia mí. Solo cuando estuvieron a mi lado comprendí exactamente el por qué, y qué iba a suceder. Bueno, tal vez no con exactitud, pero me hice una idea bastante clara de que se avecinaban problemas.

Al principio hicieron preguntas rutinarias, del tipo: "¿qué hace usted aquí?" "¿Tiene un documento que lo identifique?" "¿De dónde es usted y dónde trabaja?"

Por suerte, todo se quedó en una amable advertencia y en la orden de eliminar las cerca de veinte hermosas fotos que había tomado en aquel lugar y aquel momento. Me sentí abochornado cuando, bajo su atenta mirada, tuve que ir pasando las fotos y borrándolas, una a una, hasta llegar a dos docenas, aproximadamente; un estupendo set de fotos de larga exposición compuestas por brillantes haces de luces rojas traseras en perfecto paralelo, en caída libre hacia el infierno.

Yo no podía sino estar enormemente agradecido de que, a pesar de todo, no me hubiesen confiscado ni la cámara ni la tarjeta de memoria. Me leyeron la Ley Patriota y recitaron la parte según la cual, en el mundo posterior al once de setiembre, tomar fotos de puentes y túneles estaba *verboten*. [2]

Como anécdota divertida, me mostraron también un ENORME cartel a mi derecha que decía: "no está permitido tomar fotos ni filmar". Me reí un poco de mí mismo mientras les explicaba que de veras, sinceramente, no había visto ese enorme cartel (y así era).

A menudo me quedo embelesado en algún punto que yo mismo he elegido para concentrarme, y tiendo a sustraerme de casi todo lo que me rodea. Es una destreza que uno tiende a perfeccionar cuando se empeña en cumplir objetivos, pero que se vuelve necesaria si, además, uno vive en la gran ciudad —y, más concretamente, en la ciudad de Nueva York.

Los agentes de policía sonrieron y me dejaron ir después de asegurarse, con reprimendas y un nuevo aviso, de que había entendido la gravedad de mi infracción: "Ya sabes, podíamos haberte retenido, como mínimo, cinco o diez horas". Respondí levantando las cejas, y apreté los labios como muestra de preocupación y de que había tomado en serio sus palabras. Una vez más, alegué la más completa ignorancia y me declaré inocente.

Por desgracia, esto sería solo el principio; en los meses venideros, otros agentes de policía me volverían a detener por hacer fotos.

Arrestado en Bloomfield

Era poco más de la una de la mañana cuando un patrullero me detuvo por segunda vez; me encontraba, literalmente, a dos manzanas de casa, y acababa de bajar del autobús que cogía en la ciudad.

Nada más salir del autobús, decidí tomar algunas fotos de larga exposición en la esquina por donde giran los vehículos, y un coche de policía se detuvo. El agente me preguntó qué andaba haciendo.

La consecuencia de esta detención —acorde con el espíritu de nuestros tiempos— fue que, por segunda vez, mi nombre e información de contacto acabaron asociados por escrito con "actividades sospechosas".

Reconozco que, al principio, me sentí un poco frustrado, porque empecé a preguntarme adónde iba esa información y a qué conduciría; ¿acaso ahora figuraba entre los sospechosos de tomar fotos de la luna llena y las farolas? ¿Acabaría mi nombre en la lista negra del FBI?

Sarcasmos aparte, me di cuenta de que ese policía —y como él, los otros que le precedieron— se limitaba a hacer su trabajo de servir y proteger a la gente; aunque eso, en aquel momento, no me resultó de gran ayuda para calmarme.

"Puedes seguir sacando fotos —me dijo; solo tengo que dejar tus datos por escrito". Suspiré, en respuesta, para mis adentros, solté un simple "gracias" y metí la cámara en la bolsa para reanudar el camino hacia casa; la alegría del instante había desaparecido, ahuyentado por la inquietud que me causaban aquellas cábalas sobre si mi nombre había sido incluido en algún tipo de lista orwelliana de vigilancia.

Las "estúpidas" imágenes

Dicen que no hay dos sin tres.

Quienquiera que lo diga, tiene razón; porque, no mucho más tarde, un policía me detuvo por tercera vez.

Y aunque, por suerte, la cosa no acabó en citación judicial ni de ningún tipo, tampoco se quedó en mera reprimenda.

Tal como lo puso aquel inflexible agente, yo había "cruzado la línea blanca por una estúpida foto".

Faltaban quince minutos para la medianoche y yo había ido al aeropuerto a recoger a mi madre y a mi tía. Aún quedaban veinte minutos para su vuelo, así que, para hacer tiempo, me paré a hacer algunas fotos en un lateral de las vías de servicio del aeropuerto internacional de Newark, lejos de las terminales y los peatones, y de cualquier indicio que pudiera hacerme parecer una amenaza para la seguridad nacional. Supuse que así, al alejarme del bullicio de la ciudad, estaría a salvo de sospechas y persecuciones.

Por desgracia, de nuevo me equivocaba.

Una ligera nostalgia vino a sumarse al aburrimiento que sentía. Cuando yo era niño, San José (California) era un pueblo de mala muerte (Silicon Valley no era más que un mero atisbo en la mirada de pioneros como Gordon Moore, Steve Jobs, William Hewlett and David Packard), y aún se podía aparcar directamente frente al tramo final de la única autopista desde la que podía verse el despegue y aterrizaje de los aviones, con su ensordecedor bramido, a ras de las cabezas. Mis padres me llevaban algún que otro viernes por la noche, aprovechando aquella forma tan barata de entretenimiento, y allí, sentados frente a aquel espectáculo aéreo, pasábamos un rato juntos.

Yo tenía intención de hacer allí algunas fotos, pero también esperaba encontrar reminiscencias de aquellos sencillos momentos, que guardo con cariño en mi memoria.

Así que cuando divisé —brillando, en la distancia— la fábrica de Budweiser, me pareció un buen telón de fondo sobre el que contrastar los rayos de luz que emitían los coches, desde la autopista que sirve de separación entre el aeropuerto y la cervecería.

Por desgracia, el mundo ha cambiado.

Poco después de parar el coche, un policía se detuvo a mi lado y me preguntó qué estaba haciendo. Con el tono más complaciente y de disculpa del que fui capaz, respondí que estaba fotografiando lapsos de tiempo, y a continuación se lo mostré en la pantalla LCD.

No solo le pareció una historia aburrida, sino que ni siquiera se la creyó; me pidió la cámara, el carnet de conducir, la tarjeta del seguro y los papeles del coche. Le entregué todo y añadí, además, la tarjeta mágica "quedas-libre-de-la-cárcel, la bendita PBA.[3]

Intransigente, el agente respondió: "entre en su coche mientras compruebo los datos". Me metí en el coche, apoyé las manos en el volante y esperé.

Unos minutos después se asomó a mi ventanilla, me devolvió (casi) todo y, con un tono condescendiente, me sermoneó: "está todo comprobado, pero ha cruzado usted la línea blanca y ha circulado sobre la acera, así que me quedo su tarjeta PBA. No debería haber cruzado la línea por una "estúpida" foto.

Con los labios apretados, me limité a asentir con la cabeza y respondí: "gracias".

Cuando se fue, observé "la línea blanca" en el lado derecho de la carretera, dividiéndola desde el arcén. Di por buena la palabra del policía pero, hasta aquel momento, yo no tenía la menor idea de que cruzar esa línea era ilegal. No había ninguna señal que lo indicara y, por lo general, una línea blanca que no se debe cruzar está situada en mitad de la carretera, separando el tráfico. Además, su "acera" más bien parecía una cuneta más ancha de lo habitual, junto a una larga tira de una hierba amarilla y seca que al bajar, en el tramo por el que había entrado yo, formaba casualmente una pendiente similar a un vado.

En fin; sea como fuere, fui detenido… y todo por una "estúpida foto". Supongo que Forrest Gump estaba en lo cierto cuando decía: "estúpido es el que hace estupideces". (Lo irónico es que, en realidad, y para ser sinceros, las fotos verdaderamente estúpidas e irresponsables fueron unas cuantas que tomé desde el volante, mientras conducía, de camino al aeropuerto, a cien por hora).

Además, cuando todo acabó, me sentí secretamente orgulloso de haber perseverado, a pesar de los obstáculos e, incluso, de la ley.

La perseverancia consiste en superar los obstáculos que otros sitúan en tu camino, pero también en afrontar los que tú mismo te pones. La perseverancia viene acompañada siempre del deseo de progresar, de llegar a alguna parte. Si no estás avanzando o yendo a un sitio nuevo, no te estás moviendo en absoluto, y estás en el mismo lugar en el que llevas demasiado tiempo.

O avanzas hacia el crecimiento, O retrocedes hacia la seguridad.
Abraham Maslow

Uno debe perseverar a pesar de los obstáculos, de quienes dicen que no a todo, de los jugadores que harán trampas para alcanzar —a costa del de otros— su propósito.

Cualquiera que esté tratando de abrirse paso y destacar puede acabar vencido por el desánimo que provoca el rechazo continuo. Hace falta coraje para llenar de nuevo ese ego desinflado y perseverar, aunque a uno le desalienten los expertos y experimentados, que "saben" qué es lo que vende y lo que no.

Hoy en día, las ventas son lo más importante para los editores, y por eso es fundamental que uno, si quiere que su candidatura sea tomada en cuenta, tenga una "plataforma".

Si no tienes cincuenta mil direcciones de email en tu lista de contactos y un nombre consolidado y reconocido en tu campo profesional, ni distinciones por aquello que haces con pasión, es probable que, a falta de esas cualificaciones, tus palabras, fotos y trabajo en general sean despachados con un simple "no merecen la pena".

Hace falta algo de valor, osadía e indiferencia para elevarse sobre todo eso —a menudo en soledad—, superar los rechazos y seguir creando, sin darle importancia a nada más.

Algunas de las más preciadas recompensas vitales llegan, al cabo, cuando uno alcanza aquello que, según otros, no se podía, o no se debía hacer, aunque sea solo porque nadie lo había hecho antes.

El arte de saber es saber qué ignorar.
Rumi

Seguir en tus trece, perseverar en tu propio camino a pesar de las malas rachas, a menudo es bien recompensado. Y uno se siente bien por ser fiel a sí mismo y actuar en consonancia con lo que le hace feliz. Más pronto o más tarde, la gente acaba por aceptar las peculiaridades e idiosincrasias de uno y, o bien siente envidia, o dan en seguir su ejemplo, o lo descartan por excéntrico.

Porque, en treinta y siete años, hay una cosa cierta que he descubierto: la perseverancia nos recompensa y nos hace llegar adonde queramos; aunque, a veces, con lentitud, especialmente si lo contrastamos con el ejemplo de los que avanzan rápidamente en sentido contrario.

A mí, desde hace tiempo, la voluntad de sacrificio, de mantener el rumbo a pesar de lo que los demás puedan (no) estar haciendo, me parece una de las más valiosas formas de disfrutar de esta corta vida.

En más de una ocasión, la perseverancia no es más que el coraje de ser diferente, de hacer lo que tu corazón y tu alma te dicen que deberías estar haciendo.

Y aún, quizá, más importante, e incluso vital, es que no olvides en ningún momento que trabajas, creas y das todo de ti porque te encanta hacerlo; no porque vayas en pos de recompensa o ganancia monetaria alguna.

Esos objetivos generales nos pueden tender trampas con facilidad; es posible que al cabo, si nos distraemos demasiado en su consecución, perdamos de vista el disfrute, el insustituible sentimiento de satisfacción y la belleza que acompañan al arte.

Por eso es esencial que perseveres, trayendo cada cierto tiempo a tu memoria las verdaderas y primeras razones por las que te vuelcas de lleno en tu trabajo.

En resumidas cuentas, hay que tener siempre en mente el objetivo final, con independencia de cuanto se interponga en el camino y pueda desanimarle a uno a convertirse en un gran fotógrafo.

> *La duda es un ladrón que, a menudo, hace que temamos avanzar,*
> *donde podíamos haber vencido.*
> **William Shakespeare**

[2] n. del t. "prohibido" (en alemán en el original)
[3] PBA es el acrónimo en inglés de "Police Benevolent Association", o "asociación benevolente de la policía"; la tarjeta informa de que el poseedor es pariente de algún oficial de la ley y, en ocasiones, de que tiene un rol importante en alguna asociación de responsabilidad civil. En algunos casos, permite evitar citaciones menores, como una infracción de tráfico.

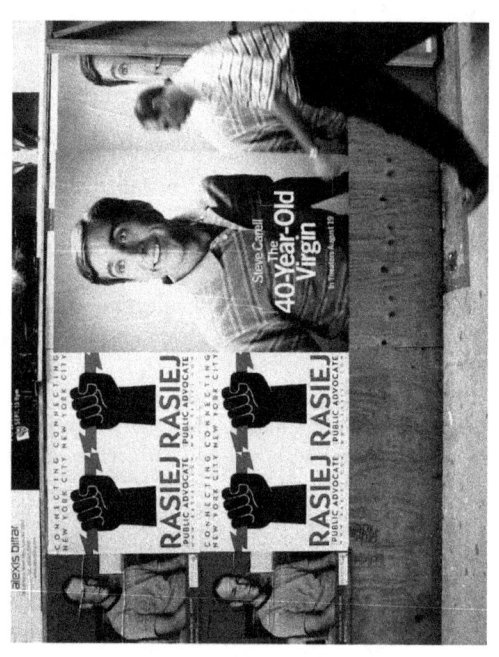

Lección 13: sé promiscuo
(Hazlo una y otra vez)

Anoche me aventuré a cruzar el puente de Brooklyn.

Disparé seiscientas sesenta y cinco fotos de las que, de vuelta en el apartamento y antes de caer dormido con la cámara en la mano, borré cuatrocientas cuarenta. Me desperté cuatro horas más tarde, y antes de salir hacia el trabajo, reduje aún más el número hasta llegar a ciento sesenta y una. Una vez descargadas y editadas en el ordenador, las fotos sumaban menos de cien. El conjunto es una crónica de mi aventura en DUMBO, [4] uno de los lugares más emblemáticos de la ciudad y sus inmediaciones.

Una de las ventajas más notables de la cámara digital — (que, como en mis otras aventuras, también aproveché aquel día)es que, con unas medidas de foto discretas (1024x768, por ejemplo) y una tarjeta de memoria de mayor capacidad (de 256MG, 512MG o 1 GB) le permite a uno hacer cientos de fotos para documentar el dónde, cuándo, quién y por qué. En otras palabras: es fácil sentirse cómodo con la fotografía digital, dejarse llevar por el momento y desentenderse de la prudencia y la moderación. Es uno de esos casos en los que "más es más".

Ahora bien, una vez que has experimentado esa "emoción" tendrás que afrontar las consecuencias de tu incontrolada adicción al disparo. Más fotos pueden significar más retoques, más espacio de memoria, menos concentración y tiempo para hacer otras cosas, porque acabas saltando por el estudio de aquí para allá como un elefante en una cacharrería, intoxicado por la emoción de haber podido captar tantos hermosos instantes en el tiempo.

Antes, siempre que me lanzaba a alguna de mis excursiones, me esforzaba en agregar notas al pie de cada foto que complementaban el documento visual de mi experiencia. Pero como cada noche, al final, se acumulaban cientos de fotos cada noche, decidí que era más sensato —y mucho más sencillo— servirse de una única historia que cohesionase todas las imágenes. Porque "más es más" solo hasta que sientes que "menos es más".

Un puente a Brooklyn

Estaba seguro de que la tarde en el puente de Brooklyn sería extraordinaria porque, como ya he mencionado, siempre me he sentido guiado por la luna, por su atracción positiva y la oculta magia de su luz. Cuando hay luna llena las cosas suceden sin más, sin que la ciencia tenga una explicación. La gente siente vértigo, los ciclos menstruales se equilibran y los hombres enloquecen de deseo.

Así que, con la luz de la luna como guía en la noche, alcé la vista y Ella estaba ahí... y me cautivó.

"Oh, gloriosa luna", pensé, y sentí crecer en mí un cosquilleo de energía, un sentimiento materializado que me hizo reír para mis adentros cuando supe que aquello ya no sería una tarde enclaustrado con mis libros, como había planeado. No; ahora sabía que la luna había truncado esos monásticos planes porque tenía mayores designios para mí.

Antes de salir disparado hacia el centro en la línea verde, pasé por la oficina a ver si podía captar La Luna desde mi habitual cala secreta en el piso 33, con el paisaje urbano como fondo. Por desgracia, estaba demasiado lejos.

Sin embargo, sí que logré echar un vistazo al dirigible que rodeaba a mi pináculo favorito: el edificio del Empire State. Verlo tan de cerca era un espectáculo impresionante. Lamento (un poco) haber sido incapaz de evocar la proximidad, con las pocas tomas de calidad que conseguí.

Después de mi breve tour por la parte superior del edificio de la oficina, bajé a toda velocidad a las profundidades del metro de Manhattan. Para mi grata sorpresa, conseguí el expreso 5 desde el número 6 de la calle 14, y a la siguiente parada me encontraba en el puente de Brooklyn.

Estoy particularmente orgulloso del contraste de colores tenues en la foto en que se lee: "última parada", que irradia una inexplicable magia: "Última parada... antes de Brooklyn". A veces es mejor no intentar analizar en profundidad cada instante, cada persona o fenómeno con encanto, si queremos preservar la emoción que la ignorancia del "por qué" o el "cómo" de ese encanto suscita en nosotros.

"Simplemente, es", a veces basta.

Al salir en "La última parada" y subir las escaleras hacia la calle, alcé la vista y me di de bruces con un auténtico espectáculo visual. Aquellos techos abovedados eran, como poco, arrebatadores; pensé en hacer fotos pero me contuve. A lo largo de todo el puente me pareció encontrar un verde brillante—con distintos matices—especialmente seductor. Como era de prever, pronto hubo un guardia de seguridad frente a mí, gritando: "¡Eh, tú! ¡Aquí no puedes hacer fotos!"

Me modo que seguí avanzando, hasta que llegué al lugar donde empezó de veras la aventura: El puente de Brooklyn. Una vez más me tuve que agazapar con el tráfico de frente, arriesgándome a tener que decir adiós a mi incursión como fotógrafo urbano aficionado si giraba.

Aunque todo cuanto sucedía a mi alrededor era realmente emocionante, no lograba evitar una mirada furtiva hacia atrás, hacia Manhattan, de completo asombro. Porque aquella noche daba igual que me encaminara en una u otra dirección: Los rascacielos que me rodeaban ofrecían un despliegue de luces espectacular por todas partes.

Supongo que aquella impresión, aquel sentimiento de asombro eran semejantes a los que sentía la gente cuando, hace unos miles de años, en medio del horizonte del Sahara, se encontraban de súbito frente a las pirámides egipcias. Y sospecho también que cualquiera de las Siete Maravillas del Mundo Antiguo merecía una veneración parecida.

Hay algo esencialmente revelador en la visión de lo monumental que, probablemente, existe desde hace largo tiempo. Quizá sea ese el verdadero estímulo que empuja a los turistas a adentrarse en la gran ciudad; el natural asombro que se apodera de nosotros al encontrarnos, cara a cara, con esos vastos logros, ajenos al paisaje cotidiano. Entristece pensar que, a veces, ese tipo de cosas no despierten nuestra emoción hasta que no se han derrumbado, y que sea entonces cuando rendimos homenaje a su majestuosidad.

Yo, personalmente, contemplo boquiabierto la estructura de acero de cada nueva obra de construcción urbana sin poderlo evitar. La simplicidad del armazón de un rascacielos me resulta tan asombrosa como el intrincado dibujo de Escher.

Por el puente de camino a Brooklyn, tomé unas cuantas fotos de una pareja que parecía ir y venir por la ciudad sin rumbo fijo, atravesando uno de los puentes más románticos del mundo, de vuelta a una de las ciudades más lujuriosas y apasionadas.

La mujer, que me miraba de reojo, estuvo a punto de acercarse a mí y soltó algún molesto chismorreo en un idioma que no me resultaba familiar, con la aspereza de algún desconocido dialecto siciliano.

Su pareja le convenció para que no me interpelase y, al fin, le hizo retroceder. Al parecer, se habían bebido una botella de vino durante la cena y ella estaba experimentando, en aquel preciso instante, las emociones que el vino exterioriza en todos nosotros. In vino veritas.

Una vez que llegué a DUMBO, caminé durante un rato por los alrededores, tomando fotos de callejones oscuros, calles vacías, edificios abandonados, y del reflejo de los puentes en el agua.

Puse fin a la jornada con un par de margaritas bien mezcladas en el "Pedro's bar y restaurante", un local de moda en la esquina de las calles Front y Jay.

Pasé una hora estupenda charlando con Coreen, "la camarera". Intercambiamos historias de nuestras vidas, recordando las asombrosas circunstancias—quién, por qué, cómo—que, al ser narradas, convertían en toda una historia el hecho de que ambos estuviésemos allí, en el Pedro's bar, y en el mismo instante.

Cuando le hablé sobre mi estancia en la Pequeña Iglesia me confió que también ella se alojaba gratis en un apartamento en Queens. Y, de paso, confesó ser, en definitiva, una falsa camarera. Se limitaba a echar una mano a la familia sirviendo bebidas detrás de la barra, y había aprendido sobre la marcha a mezclar cócteles. Sonreí mientras daba un sorbo a la margarita que me había preparado, diciéndole que que, si de veras no era una camarera, había fingido estupendamente.

Me demoré un poco más, pidiendo otra ronda. Había otros clientes al otro extremo de la barra, pero ella me hizo sentir como uno más de entre los habituales, quedándose en mi lado y charlando despreocupadamente mientras yo me hacía cargo de la bebida amarillo-verdosa que tenía frente a mí.

Media hora pasada la medianoche, me dejé vencer por mi alma somnolienta y dije adiós a Coreen y a todos mis sueños de conocerla mejor.

Caminé un bloque a la estación de High Street, y allí esperé unos quince minutos hasta que el tren llegó y me llevó a casa.

Aquella noche aprendí que, a veces, ser promiscuo —al menos con tu cámara— da sus frutos. En otras palabras, no hay nada malo en intentar una y otra vez, y otra vez más, y otra, tomando montones y montones de fotos, especialmente si tienes una cámara digital.

Durante el año que siguió a mi incursión en la fotografía acabé publicando más de quince mil fotos online. Edité cada una de ellas y, antes de editar, creo que tenía unas sesenta mil fotos hechas.

Así que no fue por azar que apareciese yo mismo en una de las últimas fotos que tomé, en la ventana del museo del sexo, que está, literalmente, en el bloque siguiente al de mi oficina, en la calle 27, y dos bloques más allá de la Pequeña Iglesia.

---

[4] DUMBO es el acrónimo en ingles de "Down Under the Manhattan Bridge Overpass", es decir, "bajo el paso elevado del puente de Manhattan"; o, simplemente, "bajo el puente levadizo de Manhattan"

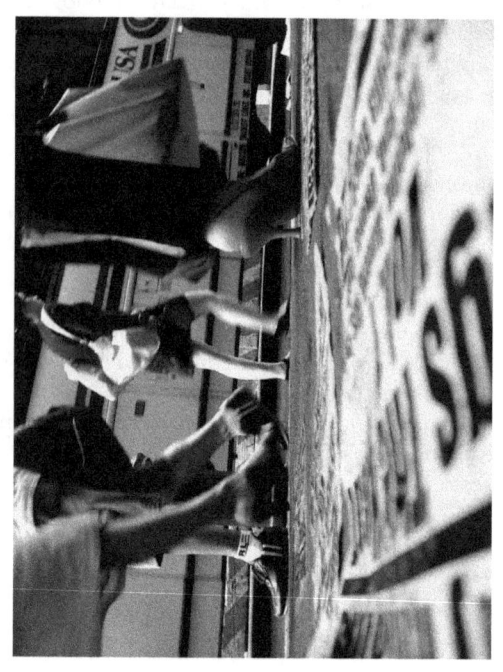

Lección 14: toma el camino correcto
(establece tus propias reglas)

Otra de las cosas que aprendí durante mi estancia en la Pequeña Iglesia fue la importancia de tomar el camino correcto y de aplicarse a uno mismo unas normas morales elevadas. De modo que, si en una noche podemos sacar seiscientas fotos, nos quedaremos con un simple puñado: unas cien fotos que, de veras, reflejen lo que veíamos en el preciso instante de disparar con la cámara, y que nos arrancarán una sonrisa cada vez que volvamos a ellas.

También aprendí a no dejar que los halagos, las reglas, o las motivaciones que mueven a otros me dictaran el camino a seguir ni condicionaran mis predilecciones y mis límites; porque, si dejamos que eso suceda, nos estamos imponiendo una limitación a nosotros mismos desde el principio.

No dudes en inspirarte en los demás y en aprender de ellos; deja que otros te provoquen, te inciten y te desafíen; pero no permitas que se apropien de tu energía y dirijan tus esfuerzos. Ve al encuentro de gente nueva, ábrete a nuevas ideas, explora distintas formas de enriquecer tu particular visión propia.

Usa la imaginación para decidir qué dirección tomar, sé el árbitro de tu propio destino, júzgate a ti mismo. Explorar por tu cuenta te permitirá elegir tus propios sueños y aspiraciones. Elabora tus propias reglas sin temor y haz que tu vida sea acorde con ellas, en lugar de coger prestado de otros y subordinarte a ellos.

No desperdicies tu tiempo con el juego. Al menos, no lo hagas en las ocasiones en que podrías estar dedicando ese mismo tiempo a producir algo. Yo suelo preguntarme: "¿Qué voy a sacar en claro del tiempo que estoy empleando aquí? ¿Cómo se verá recompensada mi inversión?

Tanto como ver la televisión, seguir las retransmisiones deportivas y ojear revistas de modas, la afición a los juegos —especialmente los virtuales— es una increíble pérdida de tiempo; para mí, la única excepción se da cuando los juegos intermedian para que yo pueda pasar un rato con alguien a quien amo. No me agradan los juegos de mesa, y eso tal vez me haga parecer antisocial; pero con mis hijos hago a menudo una excepción, y juego con ellos al ajedrez, al Intelect o al póker, siempre que me lo piden.

Por otro lado, cuando participas en los juegos de otros te ves obligado a seguir reglas ajenas. Si tienes que jugar a algún juego, hazlo contigo mismo: márcate continuamente nuevos objetivos, y cuando los alcances, no vaciles en llevar un poco más allá tu propia marca. Y no te detengas ante los detractores que —movidos por la envidia— te critican o se mofan de ti; no dejes que se interpongan frente a tu tenaz dedicación. Avanza en tu camino, con independencia de lo que otros puedan decir. Si hay que competir-es preferible hacerlo contra uno mismo, lo que favorece la concentración y la efectiva canalización de las energías. Uno pierde de vista sus propios objetivos si presta demasiada atención a lo que la gente hace o a cómo lo hace. Los grandes competidores saben que cada segundo, con cada una de sus fracciones, cuenta. Ser demasiado consciente de la competición nos resta perspectiva y concentración y nos hace perder, a menudo, la única oportunidad de que disponemos de aprovechar cada momento decisivo.

En otras palabras, no sigas las reglas: Elabora las tuyas propias.

Padre de la literatura en lengua inglesa —y uno de los mayores escritores que ha existido—, William Shakespeare fue además un considerable creador y transgresor de reglas, un Milo Minderbinder,[5] que no rindió pleitesía a los límites del lenguaje de su época; siempre que lo encontraba necesario —lo cual le ocurría continuamente— se inventaba palabras, y acuñó un número indeterminado de expresiones. En su ensayo sobre el dramaturgo inglés, "Coined by Shakespeare: Words and Meanings First Penned by the Bard",[6] Stanley Malless y Jeffrey McQuain sostienen que Shakespeare llegó a inventar alrededor de mil quinientas palabras.

El popular erudito de la literatura Harold Bloom fue un poco más allá, al señalar que Shakespeare no solo inventó innumerables palabras nuevas sino que fue, al cabo, inventor del personaje humano del canon occidental de la literatura; y que, en consecuencia, el aprendizaje que adquirimos en nuestro desarrollo como humanos proviene, en gran medida, de cuanto leemos en su magnífico corpus de obras teatrales y en verso, plagado de caricaturas humanas llevadas al extremo.

En esencia, el grueso de sus obras vistas en conjunto hace posible el chiste freudiano definitivo; una secular profecía de tipos humanos que se cumple en sí misma, cuyo impacto es proporcional a la influencia que han tenido ciertos textos religiosos, como el Viejo o el Nuevo Testamento y el Corán, a lo largo de la historia.

A mí, el simple hecho de vivir en una iglesia prestando mi ayuda a los demás, rodeado permanentemente de símbolos, palabras y obras de arte que evocaban la trascendencia de un referente elevado (es decir, moral), me hizo recordar la importancia de tomar el camino correcto.

Entre esos referentes, como en seguida comprendí, estaban los de ser completamente honesto con uno mismo, ser fiel a los propósitos propios, perseguir la propia felicidad, averiguar la mejor forma de servir a nuestros semejantes, con actos acordes a la verdad que nos revela nuestro propio interior. Dicho de otra manera: para aprender la verdad, uno ha de permitirse a sí mismo crear su propio sistema personal de normas.

Una noche en que me encontraba a solas, sentado en mitad de la iglesia y rodeado de vidrieras luminosas, comprendí que estaba profundamente enamorado de aquellas coloridas reliquias.

Uno de los vitrales que hay en la Pequeña Iglesia es, tal vez, el más antiguo de los Estados Unidos, un retrato de Santa Fe (SteFoi) originario de una iglesia belga que fue destruida durante las guerras napoleónicas. Fotografiar esas ventanas fue un aprendizaje inmejorable para mí porque me mostró el valor de cada uno de los matices de la luz, la repercusión que estos tienen a la hora de suscitar la emoción del espectador, y el alcance de sus propiedades para animar una escena y hacer, siquiera por un instante, que cobre vida, como por arte de magia. Cuanto aprendí de aquellas ventanas lo aplique a los retratos, a los que me dediqué en serio un año después de mi estancia en la Pequeña Iglesia.

Las ventanas que estaba yo admirando aquella tarde eran las del Viacrucis, catorce imágenes que representan la pasión de Jesús. Tan pronto como recorrí el resto de las ventanas me senté ahí y medité sobre el significado de aquella historia ilustrada en cristal; y, más concretamente, sobre el verdadero significado del retrato del Cristo sufriente y la crucifixión. En aquel momento, para mí, el significado que la escena ilustraba tenía que ver con la idea de ser honesto y sincero sobre lo que uno quiere y pagar un precio por ello.

En gran parte, tal como Jesús o Moisés aguantaron cuarenta días y cuarenta noches a solas, sin comida ni agua —antes de que Dios comunicase los Diez Mandamientos—, muchos de aquellos que persiguen con éxito sus grandes pasiones sufren enormemente antes de alcanzar ningún logro, o de crear algo que otros consideren digno de atención.

Una piedra preciosa no puede ser pulida sin fricción, ni un hombre perfeccionarse sin entrenamientos.
Proverbio chino

Este es mi Dios

Un día, de entre los fines de semana que pasaba en casa, me encontraba tumbado boca arriba, en la piscina infantil de la parte de atrás, admirando el cielo, profundamente azul. De repente, alcé frente a mí una brillante pelota amarilla con una cara feliz pintada y tuve una epifanía: "este es mi Dios"; aquella fue una de las más grandiosas tomas de conciencia que jamás he experimentado.

Al cabo de una hora, mi hijo mayor me preguntó: "papá, si pudieras tener tres súper poderes, ¿cuáles elegirías?"

No tardé ni un instante en encontrar la respuesta: "pues, en primer lugar, querría tener el poder de ser siempre feliz; en segundo, el de hacer felices a los demás, sobre todo a aquellos que tantas veces dan la impresión de estar enfadados, tristes o descontentos".

Pero ¡ay! Cuando, pensando en el tercer súper poder, me atasqué, Enzo me interrumpió y exclamó: "¡no, papá! ¡Eso no son súper poderes! Tienes que querer poderes como "volar", "hacerte invisible", "lanzar fuego" o "tener fuerza sobrehumana".

"Ah—respondí—, si es eso, entonces no tengo ni idea", y me volví a tumbar a tomar el sol que se reflejaba en el agua; porque—como medida de cordura y de sosiego—, había decidido no iniciar una discusión filosófica profunda con mi hijo de seis años; y no porque sus intricadas profundidades fueran a resultar incomprensibles para él, sino, más bien, porque sabía que podía tomárselo con una avidez desmesurada y preguntar "¿por qué?" sin parar.

Más tarde comprendí que, entre el nacimiento de mi deidad y la respuesta a la hipotética pregunta de mi hijo, existía una indudable conexión.

Porque por mi interior, como ya he mencionado, fluye una corriente de optimismo poderosa en la que confío por completo, gracias a la que creo en la autoafirmación, en la grandiosa fuerza de la voluntad individual y en el hecho de que, en casi todo y casi todos, ~~hay~~ siempre hay algo de bondad.

Y algo más importante: en aquel momento comprendí que, en cierto modo, el propósito de mi vida era compartir aquella energía positiva con otros, siquiera para que pudieran encontrar ese mismo poder en sí mismos.

En este breve intervalo de mi vida descubrí, por suerte, no solo que contaba con un propósito determinado y con la energía positiva para cumplirlo; tenía también las herramientas necesarias para expresarme tal y como soy, y para hacer llegar a otros mi valioso mensaje. Además, a los largos años de experiencia con que fui enriqueciendo mi habilidad para la escritura, sumaba ahora el poder de la expresión visual: la fotografía.

A todo esto debo añadir la oportunidad que se me brindaba de aprender a hacer fotos por mi cuenta y riesgo. No asistía a clases, no dependía de la erudición ni de encontrar libros sobre el tema, y no había un tutor a mi lado que me mostrara el fascinante mundo de la fotografía. Para avanzar en el aprendizaje gozaba simplemente de mi voluntad y del anhelo de que, a lo largo del proceso, se iluminara mi camino. Tenía las calles para ponerlo en práctica y mucho tiempo adicional para alcanzar esta nueva aspiración mía. No había exámenes, ni plazos, ni presión para logar hitos de ningún tipo. No había precedentes ni parangones sobre los que yo estuviese moldeando mi trabajo. Simplemente era yo mismo, mis sentidos y todo cuanto despertara en mí un espontáneo interés.

En consecuencia, tan pronto como me puse en marcha y —a fuerza de sinsabores— aprendí el oficio, comencé a crear mis propias reglas y a establecer mis propios valores. Y lo hacía en el mejor sitio posible: Las calles de la jodida ciudad de Nueva York. En las aulas, la emoción no habría sido la misma.

¡Ni de lejos!

---

[5] Milo Minderbinder es uno de los personajes de la famosa novela *Catch-22*, de Hellen Keller, conocido precisamente por su tendencia a no admitir las reglas dadas y a marcar las suyas propias.

[6] *Acuñado por Shakespeare: palabras y significados escritos por primera vez por el Bardo.*

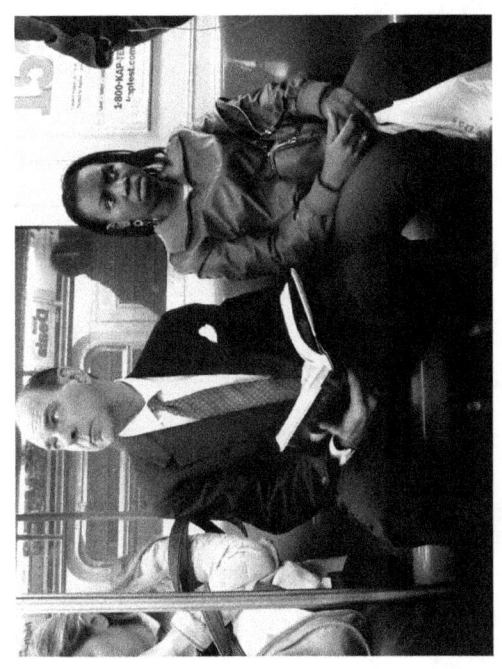

Lección 15: aprende a dejarlo estar

A medida que los días de aislamiento se sucedían, empecé a echar en falta unas cuantas cosas: las comodidades materiales, la comida preparada, al llegar a casa, la cama de matrimonio en la que me tumbaba a mis anchas cuando estaba agotado, el acceso inmediato a todo cuanto había acumulado a lo largo de los últimos quince años de mi vida… en fin, todo aquello que había significado un hogar para mí, que en definitiva era aquello a lo que había renunciado cuando me separé.

Pero si algo me dolía no era la falta de lujos y comodidades materiales, sino, más bien, el hecho de estar alejado de mis hijos y la sensación de fracaso que lo acompañaba.

Antes incluso de que mi mujer y yo nos separásemos les extrañaba muchísimo, porque el trayecto de nuestra casa en las afueras al trabajo en la ciudad me robaba siempre una considerable cantidad de tiempo que, de otro modo, habría pasado con los chicos.

Y luego estaba el trabajo en sí. Aunque no requería un gran esfuerzo, si uno decide competir para promocionarse en el mundo empresarial tendrá que dedicarle su propio tiempo, como saben la mayoría de los emprendedores, levantarse pronto y quedarse hasta tarde para pagar las facturas. De lo contrario, si no puedes demostrar que estás dispuesto a hacer sacrificios para la compañía, que eres un "hombre de empresa", la empresa no te apoyará cuando surjan las oportunidades. Pero, a medida que crece la familia, aumentan también los agobios y las preocupaciones financieras. Así que, salvo que estés dispuesto a entregar tu tiempo, no conseguirás el dinero extra para cubrir esos gastos. Como eres consciente de ese particular enigma, te lo callas y te quedas hasta tarde; te quedas hasta que tu compañero, el conserje, se acerca a tu cubículo a vaciar la papelera.

Mientras tanto, en casa, el paulatino hundimiento de mi matrimonio me pasaba factura. En los últimos días se acumulaban la tensión y los momentos extremadamente desagradables. A menudo tenía la sensación de que, cada vez que llegaba a casa, se fraguaba una discusión que estaba esperando a que yo entrase por la puerta, una reprimenda que, al final, me haría sentir no bienvenido. Por desgracia empecé a pensar, cada vez más, que lo mejor era mantenerse al margen, buscar otras cosas que hacer como escribir (casi siempre) mientras me quedaba hasta tarde en la oficina, hasta que todo el mundo se había marchado.

La gran satisfacción que me produjo escribir a solas, de noche avanzada, solo reforzaba mi deseo de alejarme de cualquier situación que, de otro modo, hubiera generado infelicidad.

En definitiva, no culpo a mi mujer —ni tampoco a mí mismo— por la desintegración de nuestra relación, porque todo me pareció de lo más normal. Mis padres se divorciaron cuando yo tenía diecisiete años y estaba fuera, en mi primer año universitario. Recuerdo con claridad que, cuando mi madre me contó, por teléfono, y a mil kilómetros de distancia, lo que pasaba, me dejó indiferente; si acaso, sentí alivio ante el pensamiento de que, en adelante, tal vez dejaran de discutir, tal vez vivieran felizmente sus vidas por separado.

El cambio para mí fue demasiado fácil porque era el mayor de tres hermanos y porque, durante cuatro años, mientras mis padres atravesaban la transición por separado estuve viviendo fuera. En cuanto a mi hermano y mi hermana pequeños, solo puedo tratar de imaginar cómo les afectó la separación; al mirar hacia atrás, comprendo de qué manera podría haberles afectado. Por tanto, a medida que avanzaba en mi propia vida tuve que considerar todo eso respecto al destino de mis dos hijos.

Dada la presión a la que estaba sometido para rendir en el trabajo, y la inminente amenaza del fin de mi matrimonio, tuve que aprender a "dejarlo estar". Tuve que aprender a colocar cada cosa en su compartimento y a concentrarme en cuestiones que, o bien sabía que estaba obligado a hacer, o bien me hacían feliz. Tuve que aprender a controlar mis emociones en cada situación y a consagrarme con convicción a lo que hacía. En muchos aspectos, tuve que aprender a ser aquello que nuestra sociedad ha considerado tradicionalmente "un hombre", un hombre inmune a las situaciones que le ponen a uno a prueba, dispuesto a tomar decisiones difíciles, que no deja que las emociones se lleven lo mejor de sí mismo.

Así que aprendí a apartar la idea de que mi matrimonio iba a mejorar; dejé estar el hecho de que echaba de menos a los niños de una forma dramática; dejé estar el enfado y la impotencia, y asumí con firmeza la idea de mirar hacia adelante y nunca hacia atrás.

Mientras viví en la Pequeña Iglesia, aprendí rápidamente a aplicar esta estoica actitud en la práctica de la fotografía. Aprendí que, mientras uno está tomando fotos, no debe dejarse coartar por los momentos perdidos, porque los remordimientos bien podrían hacer que uno pierda la siguiente oportunidad.

Aprendí que dejar las cosas estar también es posible cuando uno está en modo "revisión". A veces puedes recuperar algo que habías desechado, reciclarlo y convertirlo en algo de absoluta belleza, pero otras tantas es preferible dejar estar ese disparo, sin más, y borrar la foto, de manera que puedas avanzar hacia cosas mejores que hacer.

Una de las reglas fundamentales de la actuación en público, ya se trate de bailar, cantar o pronunciar un discurso, es que, si uno tartamudea o se atasca, lo mejor es continuar. Cuando algo sale mal puede solucionarse sobre la marcha, aunque solo sea, precisamente, porque no nos paremos. Porque, con frecuencia, la única persona que se da cuenta —en realidad— de esos insignificantes errores es el mismo que está frente al público.

Así que no dejes que te pase eso a ti. No busques un problema donde no lo había, déjalo estar y sigue hacia adelante.

En otras palabras, perdónate a ti mismo. Después de todo, no eres más que un humano, sujeto a errores, que tiende a cometer el mismo error una y otra vez.

El perdón me permitió concentrar mis energías de forma positiva durante mi separación, traté de no ponerme de mal humor y de no recrearme en los inconvenientes inherentes a la situación. Al dejar estar el pasado, fui capaz de concentrar mis energías, mi atención y mi cámara en la construcción de un mañana mejor.

Al fin y al cabo, para tener éxito, uno debe a veces cultivar una actitud de gratitud, de entrega y de perdón.

Nada, salvo tú mismo, puede traerte la paz

A menudo, mirar con optimismo hacia el futuro ha supuesto para mí mirar hacia el cielo en busca de un refuerzo positivo. Tanto si estaba caminando por las calles de Manhattan, jugando con mis niños en el patio trasero de Bloomfield, o en un viaje de negocios en Atlanta, el simple hecho de alzar la vista parecía servirme de inspiración.

Un último —y pequeño, pero importante— detalle: aprender a dejar estar las cosas también implica aprender cómo dejarlas estar… al final. Es decir, aprender a dejar de trabajar, a dejar de escribir, a dejar de hablar y de editar fotos, para permitirme un descanso. A dejar a un lado todo cuanto me aflige en mi interior: las presiones financieras, la soledad, añorar a mis hijos. Aprender a aparcar por un momento mis aspiraciones, o el entusiasmo, para poder cerrar los ojos y descansar el alma, y dejar reposar mi mente.

Si quiero dejar que esto suceda trato de no pensar en nada, cantándome, de vez en cuando, a mí mismo: "no pienses en nada, no seas nada, no pienses en nada, no seas nada, no pienses en nada, no seas nada".

Es el mismo principio que subyace en la mayoría de las técnicas de meditación, concentrarse en algo más bien insignificante y, luego, perderse en la oscuridad, en la irrelevancia, un olvido que no tiene tiempo ni lugar —concentrarse simplemente en el alivio de la tensión de tus hombros, la energía zumbando al final de la yema de tus dedos, el sereno vacío en un sonido como el *Om*.

La paz no viene de la ausencia de conflicto en la vida,
Sino de nuestra habilidad para hacerle frente.
Autor desconocido

Hamlet: *¡Ser, o no ser, es la cuestión!—*
¿Qué debe más dignamente optar el alma noble
entre sufrir de la fortuna impía
el porfiador rigor, o rebelarse
contra un mar de desdichas, y afrontándolo
desaparecer con ellas?
Morir, dormir, no despertar más nunca,
poder decir todo acabó; en un sueño
sepultar para siempre los dolores
del corazón, los mil y mil quebrantos
que heredó nuestra carne, ¡quién no ansiara
concluir así! Morir... quedar dormidos...
Dormir... tal vez soñar!—¡Ay! allí hay algo
que detiene al mejor. Cuando del mundo
no percibamos ni un rumor, ¡qué sueños
vendrán en ese sueño de la muerte!
Eso es, eso es lo que hace el infortunio
planta de larga vida. ¿Quién querría
sufrir del tiempo el implacable azote,
del fuerte la injusticia, del soberbio
el áspero desdén, las amarguras
del amor despreciado, las demoras
de la ley, del empleado la insolencia,
la hostilidad que los mezquinos juran
al mérito pacífico, pudiendo
de tanto mal librarse él mismo, alzando
una punta de acero? ¿quién querría
seguir cargando en la cansada vida
su fardo abrumador?... Pero hay espanto
¡allá del otro lado de la tumba!
La muerte, aquel país que todavía
está por descubrirse,
país de cuya lóbrega frontera
ningún viajero regresó, perturba
la voluntad, y a todos nos decide
a soportar los males que sabemos
más bien que ir a buscar lo que ignoramos.
Así, ¡oh conciencia!, de nosotros todos

haces unos cobardes, y la ardiente
resolución original decae
al pálido mirar del pensamiento.
Así también enérgicas empresas,
de trascendencia inmensa, a esa mirada
torcieron rumbo, y sin acción murieron.

Hamlet, **William Shakespeare**

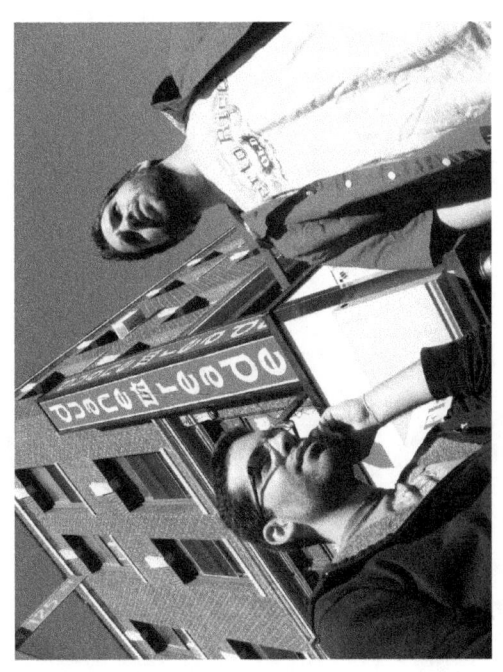

Lección 16: Haz que cada momento cuente

Lo que hago hoy es importante
Porque estoy dando un día de mi vida por ello.
Hugh Mulligan

"¡Que viene un camión!"

Cuando aquella mujer gritó detrás de mí, yo estaba en medio de la carretera haciendo una foto.

Yo creía estar siendo consciente de mi localización espacio temporal, pero aquel inesperado grito me sacó del error y me empujó a apartarme rápidamente.

Al hacerlo tropecé con otro peatón que venía en dirección contraria y que, a juzgar por la extraña forma en que se movía, debía estar también bajo el impacto del formidable grito. Fue un choque a medio camino que, por lógica, no hizo sino aumentar el cóctel de sorpresa y temor que se nos embriagaba a los dos, hasta el punto de que acabamos, frente a frente, tratando de regatearnos el uno al otro en una especie de grotesco baile circular.

En seguida reanudé mi caminata a paso firme por la sexta avenida, sin molestarme en volver la vista atrás para corroborar lo cerca que realmente habíamos estado de ser atropellados, arrollados o enviados al hospital por ese camión que, había provocado el alarido de la señora.

Mis aventuras fotográficas de entonces eran premeditadamente arriesgadas: me paraba en mitad de la calle de espaldas al tráfico; corría literalmente por las carreteras para fotografiar taxis, autobuses, bicicletas y hasta skaters en acción; y e iba a un montón de sitios nada recomendables, a solas y... de noche.

A veces me parecía estar representando mi crisis de los cuarenta, porque, desde que me inicié en la fotografía —nada más separarme—, mi simpatía hacia el riesgo aumentó más que nunca.

A fin de cuentas, debe haber muchas personas que, como yo, se exponen al peligro en un desesperado intento de saberse dueños —o dueñas— de sus propias vidas, y que al realizar actividades que elevan sus niveles de adrenalina y testosterona, se sienten vivos de nuevo

La vida no se mide por la cantidad de veces que respiramos
Sino por los momentos que nos quitan el aliento.
Desconocida

Después del incidente del camión me pregunté a mí mismo una vez más por qué, en aquella época, iba tan a menudo en busca del peligro. Había llegado al desacertado convencimiento de que mi agilidad bastaba para evitar cualquier percance —pero, a la vez, siempre acababa por poner en duda la validez de mi idea. Cada vez que me quedo a un paso de sufrir un accidente, se repite el mismo debate en mi interior: primero sonrío de alegría y me felicito por haber sido tan valiente, y luego pienso: "Chico, eres un verdadero estúpido".

Casi siempre intento convencerme a mí mismo de que necesito detener este juego al que entrego mi propia vida, y regaño por igual a mi *ello* y a mi yo: "Vosotros dos, ¡es la última vez! ¡Basta de idioteces!"

El único problema es que soy demasiado humano, y el aburrimiento sigue de cerca mis pasos; allá donde voy, el *ennui* va detrás...

De ahí que todos mis intentos por zafarme de él saltando en medio del tráfico, esquivando autobuses y corriendo junto a patinadores de *skate* en pos de alguna estúpida imagen, sean en vano.

Dicen que la suerte es una dama. De ser eso cierto, entonces la adoro y creo que también ella me ama; pero eso no significa que no pueda llegar el día en que me abandone.

Por otro lado, nunca pensé que la fotografía pudiera ser tan divertida, tan sumamente gratificante y estimulante, ni que sirviera para afirmar la vida con tanta fuerza.

Al inicio de su libro "Así habló Zarathustra", Nietzsche habla de un equilibrista que se lanza a su propia muerte. Antes de exhalar su último aliento, mantiene la siguiente conversación con Zaratustra:

"Por mi honor, amigo" replicó Zarathustra, "nada de cuanto mencionas existe: no hay demonio ni infierno. Tu alma estará muerta antes incluso que tu cuerpo: No temas nada más allá".

El hombre miró con recelo. "Si es cierto lo que dices" —contestó—, "no pierdo nada si pierdo mi vida. No soy mucho más que una bestia a la que los vientos y unas pocas ideas han enseñado a bailar".

"De ninguna manera", dijo Zaratustra. "tienes que hacer del miedo tu vocación; no hay en eso nada despreciable. Ahora, mueres aniquilado por tu propia vocación: por eso te enterraré con mis propias manos".

Morir por vocación propia: quizá sea esa la más elevada manifestación de la pasión —o así lo entiendo yo. Vivir y perecer en la emoción del propósito y de los momentos que dan sentido a la vida de uno como persona. Esa es la forma definitiva de vida. Y puede que signifique vivir peligrosamente, pero también es vivir

¿Cuántos héroes han hecho eso mismo? Aquellos a quienes tenemos en más alta estima dedican su vida y su muerte a cumplir lo que, sin duda, reconocen como su destino.

Un conmovedor ejemplo es el de las valientes acciones de todos los que fallecieron el once de setiembre en acto de servicio.

Y cabe atribuir el mismo mérito a los artistas, escritores, científicos, empresarios y otros intelectuales o creadores destacados que murieron a una edad tardía; es muy probable que todos ellos, por el simple hecho de seguir el curso de sus vidas, hallaran incontables obstáculos y se vieran obligados a vencer a unos cuantos monstruos y a superar, con sus mentes como única herramienta, a la conformidad, a la complacencia, y a sus siete hermanas feas —los celos, la envidia, la "virtud", el materialismo, la rectitud, la apatía y lo desconocido— a menudo en solitario.

Los grandes viajes se emprenden en solitario y concluyen con la muerte, lo cual basta para que la jornada constituya un fin en sí misma. La realización viene con lo realizado. Si uno busca constantemente ir a algún sitio en pos de la felicidad, no alcanzará nunca su meta.

A mis compañeros de aventuras —y de fotografía— les digo: ¡Haz que cada momento cuente! Y un corolario: Haz que cuente cada disparo. Busca la posición correcta y, sin perder la calma, presiona el botón.

La vida es efímera, como lo son todos los buenos momentos que, acumulados, constituyen nuestra existencia.

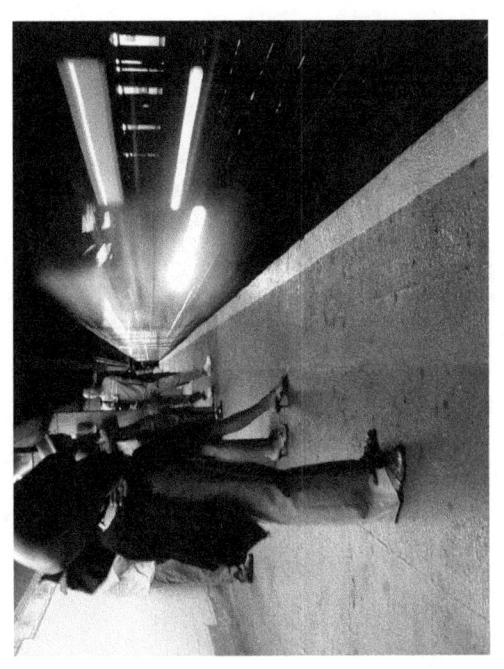

Lección 17: Capear el temporal

Una tarde lluviosa, después de dar un paseo por Greenwich Village y sacar algunas fotos, cogí el autobús M60 hacia las afueras. Durante todo el tramo que recorre la sexta avenida viajé a solas en el autobús , y sin poder evitarlo, me pregunté qué hacía yo en aquel lugar, en un momento de mi vida tan desolador.

Al cabo de un rato pasé la mano por el cristal empañado para echar un vistazo a las calles, pero lo que vi en aquella ventanilla surcada por hilos de agua fue el reflejo de mi propia imagen. Sonreí —y me reí para mis adentros—al darme cuenta de que quizá me sentía algo solo, pero lo cierto era que llevaba unos cuantos días sacando el máximo partido a mi situación, y la buena racha se prolongaba.

En lo alto de la principal oficina de correos de Nueva York hay unas palabras grabadas en piedra: "Ni la lluvia, ni el aguanieve, ni la nieve, ni la oscuridad de la noche".

Del mismo modo, tampoco los buenos fotógrafos han de temer a los elementos. Tanto si la naturaleza hace de las suyas, como si los policías, cumpliendo con su trabajo, aplican la ley, el fotógrafo resuelto avanzará contra viento y marea, sin arrugarse ante las circunstancias hostiles.

Así que tú, mi astuto y bravo fotógrafo, cuando los demás se ponen a cubierto —o se apiñan bajo el paraguas—, hallas la posición adecuada y te dispones a hacer buenas fotos. Una tarde comprendí que la lluvia es, en realidad, enormemente propicia para hacer fotos. Me había sentado a esperar bajo una estrecha cornisa en Canal Street —en el límite entre Chinatown y Little Italy—, paciente, con mi poncho con capucha y mi gorra de baseball, mientras la gente huía a toda prisa, como hormigas acosadas por algún niño juguetón. De ahí salió una buena cantidad de grandes fotos que muestran la belleza de las calles de Nueva York barridas por la lluvia.

Después de todo, lo mejor que uno puede hacer cuando llueve
es dejar que llueva..
Henry Wadsworth Longfellow

A pesar de los aguaceros primaverales, durante el primer mes de mi estancia en la Pequeña Iglesia me aventuraba casi a diario a salir en la cálida lluvia. La experiencia fue tremendamente satisfactoria porque, a veces, mientras la muchedumbre se apiñaba en el interior de sus casas, yo tenía la sensación de que la gran metrópolis era toda para mí.

Y en más de una ocasión he tenido —y tengo aún— la sensación de que el mundo entero y esta vida maravillosa son de mi exclusiva pertenencia gracias a la fotografía, que me permite ver todo cuanto los otros, demasiado ocupados, cansados o asustados para detenerse a observar, ignoran tan fácilmente.

Una de las más famosas escenas de los —magníficos— musicales de los cincuenta es aquella en la que Gene Kelley, entregado al público en cuerpo y alma, presenta su "Cantando bajo la lluvia". Un año tras otro he vuelto a disfrutar de esa escena, y cada una de las veces que la veo me conmueve, me inspira y me motiva. Enamorado y contento, el protagonista siente el repentino impulso de bailar y cantar, y hace exactamente lo que cree que debe hacer a pesar de las convenciones, de lo que puedan pensar otros y del hecho de que se está empapando.

Ese tipo de sensación fue lo que me llevó a salir cada noche. Una sensación que he tenido a lo largo de toda mi vida y que, otra vez, me sentía libre de expresar… ¡Y menuda sensación!

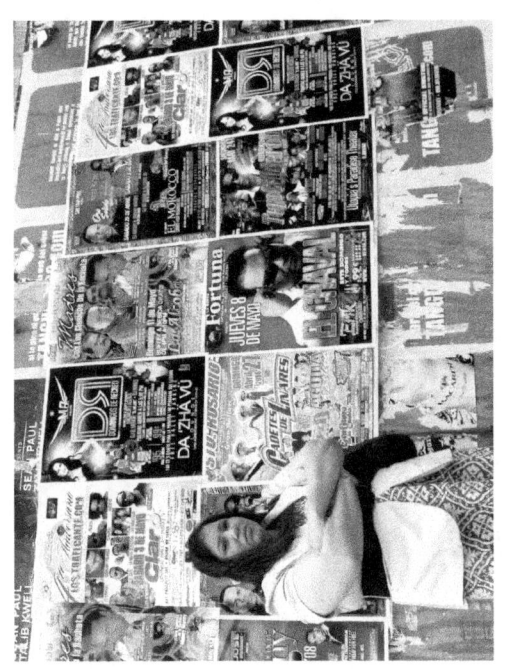

Lección 18: decir la verdad

La muerte y la tragedia del once de setiembre hicieron que muchos neoyorkinos abrieran los ojos y el corazón a la verdad y la belleza de sus vidas.

Yo estaba en mi oficina de Park Avenue el once de setiembre de 2001 cuando todo se detuvo. De repente, al saberse que los aviones habían chocado en varias partes del país, todos los ojos se pegaron al televisor. Cada segundo transcurría cargado de una insoportable tensión. Sin poderlo evitar, uno se preguntaba: "¿Qué demonios está pasando?" "¿Seremos nosotros los siguientes" "¿Es el Armageddon?"

Al otro lado de la calle, en la fachada de la Armería 69 —que al principio sirvió como improvisado local de registro de personas desaparecidas—, amigos y familiares de quienes habían perdido sus vidas en las Torres Gemelas empezaron a colocar cientos de notas informativas sobre los desaparecidos; en ellas incluían la última foto que habían sacado de ellos y, en muchos casos, anotaban patéticas y desgarradoras preguntas al pie, del tipo "¿Sabes dónde está mi papá?"

Al principio los mensajes se concentraban en la armería, pero en seguida aparecieron, por doquier, en la calle; en farolas, marquesinas de autobuses, buzones o cabinas de teléfono públicas. Y así, cada día, durante meses y meses, todos podíamos ver en todas partes los recordatorios del trágico momento. Huelga decir que la masiva manifestación de pérdida y lamento, de duelo y de vestigios de esperanza, tuvo un imborrable impacto en la conciencia colectiva.

Casi de inmediato, las gentes se volvieron muy cordiales otra vez unos con otros. Muchos sentíamos una cierta conexión en las miradas fortuitas a los ojos de los extraños, una comprensión palpable que, de nuevo, nos convertía a todos en humanos, y no en meros obstáculos interpuestos en el camino de cada cual.

Porque cuando, durante esas primeras semanas, uno establecía sin querer contacto visual con gente en la calle —o en el metro, o el bus—, parecía llevar escrito en la mirada: "hemos

sobrevivido, estamos vivos"; y, de algún modo, en cierta —
extraña y mórbida— manera, eso nos permitió conectar.

La mayoría de nosotros pasamos desapercibidos casi a
diario; es lamentable que tuvieran que darse los sucesos del once
de setiembre para que nos quitásemos la coraza bajo la que nos
ocultamos cuando, indiferentes, recorremos la ciudad,
calculando con frialdad cada uno de nuestros pasos; claro que,
de no hacerlo así, acabaríamos agotados, erosionados por el
frenético ritmo de la vida moderna.

Sí; trágicamente, fue la repentina pérdida de miles de
vidas lo que nos recordó que, aunque estemos habituados a
ignorar a los extraños, a sospechar de ellos y retroceder ante su
cercanía, al final, en términos de vida o muerte, somos una
misma cosa.

También mi separación me hizo sentir que la coraza de
nuestro matrimonio *simulado* se había hecho pedazos; poco a
poco, salió a la luz la verdad que subyacía en lo más hondo de
nuestra relación.

Esa verdad vino acompañada del hecho de que, desde que
empezó para mí aquel forzoso alejamiento, eché muchísimo de
menos a mis hijos; cada mañana y cada noche me sentía obligado a
llamarles para transmitírselo, y pocas veces encontré forma mejor de
hacerlo que decirles simplemente a cada uno: "te quiero".

> *Las palabras amables pueden ser cortas y fáciles de pronunciar,*
> *Pero su eco es realmente infinito.*
> **Madre Teresa**

La verdad que al año siguiente año descubrí fue que solo el
deseo de mi dicha personal podía llevarme a ser feliz, y a darles a
mis hijos el mejor amor posible. No bastaba con decirles que les
quería; también debía hacerles ver cuánto, demostrándoles mi
amor por la vida, las personas, las aventuras y la creatividad.
Comprendí que amar a los hijos es mostrarles la mejor manera
de vivir que uno, por sí mismo, conoce y desea.
Durante todo el tiempo en que viví en la Pequeña Iglesia le
estuve dando vueltas a aquel ideal. Frutos de aquella profunda
reflexión fueron las fotos —a *miles* —, las interminables palabras

con que traté de describir mis experiencias; pero también, mi vehemente esfuerzo por aprender este nuevo arte. Cada vez que pensaba en mis hijos y sentía las punzadas de su ausencia, o el dolor de la culpa por no estar con ellos, encontraba alivio en el pensamiento de que, con suerte, si lograba mostrarles cómo extraer lo mejor de la vida, cómo alcanzar una vida extraordinaria, habría superado con creces las habituales tareas de un padre.

He descubierto más de una verdad a través de la pérdida; pero, desde hace largo tiempo también sé —y creo firmemente en ello—, que la verdad es relativa.

Día a día, cada uno de nosotros damos forma a la realidad —propia y ajena— con cada nueva perspectiva que nuestras palabras, nuestras opiniones y recuerdos, e incluso nuestras fotos, aportan a lo ya existente. Porque, en rigor, lo que elegimos fotografiar es una mera manifestación de aquello a lo que otorgamos valor y que consideramos suficientemente especial, siquiera en ese instante, como para plasmarlo en una imagen y tal vez, al cabo, compartirlo con otros.

Desde que soy consciente de este hecho, me siento en la obligación de hacer un esfuerzo extraordinario por encontrar más de un punto de vista desde el que observar las cosas, situaciones y ambientes; sobre todo cuando saco fotos, y cuando me aventuro en la ciudad de Nueva York—cuya población, más variada en razas que ninguna otra en el mundo, es un ejemplo en sí misma de lo diversa que puede llegar a ser la verdad.

Me quedo estupefacto cuando oigo a la gente afirmar que solo existe una verdad, un camino correcto. A lo largo de mi vida, he encontrado y conocido a muchas personas que ven el mundo y la existencia como algo que pudiera dividirse en blanco y negro, bueno o malo, correcto o incorrecto. Yo, por el contrario, creo que la verdad es algo que se halla en algún punto intermedio.

Pocas veces la vida es certeza —por no decir ninguna—el simple hecho de que estemos vivos ya es en sí un milagro, y en ese pensamiento encuentro yo la motivación suficiente como para sacar el máximo partido a cada oportunidad, aprovechar el día y vivir la vida a mi manera a través de una permanente búsqueda de la verdad y siendo honesto respecto a cómo me siento como persona.,

Entender y aceptar que la existencia tiene algo de relativa me ha servido para mantener la cordura, el optimismo, la entereza y, ante todo, la felicidad durante largo tiempo. Es una forma de pensar que le permite a uno ser flexible, buscar un mejor —y más cabal— entendimiento de los motivos que llevan a la gente a comportarse como lo hace; ayuda a mantener siempre la calma y a adaptarse a cada giro de los acontecimientos, cada imprevisto, cada cambio de planes y cada decepción de las muchas que, mayores o menores, experimentamos.

Las raíces de la decepción están en nuestra forma de pensar; es decir, en cómo percibimos y sentimos las cosas, situaciones y personas (y sus acciones, o ausencia de acción). Dicho de otro modo, la decepción es una verdad relativa.

Cuando experimentamos una emoción negativa, la causa puede estar en otros o en nuestras diferencias con ellos —que se originan si las realidades dispares, al encontrarse, chocan. Cualesquiera que sean esos motivos, nos corresponde a nosotros evitar toda situación que pueda convertirse en un obstáculo insuperable y dificultar nuestras vidas de algún modo. Existen varias opciones: la primera es aprender a comprometernos de forma constante, aceptar la situación y sentirnos satisfechos con ella; la segunda, aceptar la situación y seguir adelante; la tercera opción consiste simplemente en hacer un esfuerzo por ver las cosas de forma distinta y positiva.

Quizá aún más decisiva que una vida feliz y sana sea nuestra habilidad y disposición para, cuando encontramos que existe una verdad más positiva que la anterior, hacer algo al respecto. Esta es la parte difícil; una cosa es verlo todo de forma diferente; otra distinta, actuar en consecuencia.

La visión sin acción es un sueño
La acción sin visión es una pesadilla.
Proverbio japonés

Decir la verdad es, en ocasiones (solo en ~~algunas~~ ocasiones) la mejor forma de crear el escenario ideal para plasmar en fotos ciertas reacciones de sinceridad y honestidad fuera de lo común en los otros, los que tienes frente a tí.

He descubierto, para mi sorpresa, que los extraños tienen por costumbre ceder cuando les suplicas y te los ganas con una pizca de adulación y un guiño que les ablande: "¡Tienes unos ojos absolutamente preciosos!" "¡Tengo que sacarte una foto!"

Pero el verdadero secreto para que se dejen adular con la esperanza de sacarles una foto es que, al hacerlo, también en realidad lo pienses. El recurso a la falsa adulación es una clara metedura de pata; si de repente percibes algo positivo en alguien, algo que (estéticamente) te provoca un cosquilleo, no dudes ni por un momento en expresarlo. Eso sí, antes de culminar el proceso, ¡acuérdate siempre de pedir permiso para hacer la foto!

En apariencia, este principio resulta bastante sencillo, pero en rigor constituye uno de los aspectos más difíciles de dominar en los retratos fotográficos a personas, dado que la mayoría de nosotros, por naturaleza, tendemos a desconfiar de los extraños. Nos han enseñado a no dejar que la gente nos fotografíe, o a no sacar fotos a otros porque, de alguna forma, es un acto invasivo.

Pero si el encanto que has visto en el potencial protagonista de la foto es genuino, tu sinceridad brillará también con luz propia, y es muy probable que consigas permiso para hacer esa foto especial.

No olvidemos que la belleza está en los ojos del que la contempla. La "Belleza" no puede ser encerrada en ningún significado convencional. Si se da en alguien alguna característica extraordinaria, algo brillante y nuevo, cálido y azul, que suscite tu atención, es muy probable que sea fácil convencer a esa persona de que se-pose ante tu cámara, siempre que muestres tu apreciación con una total e inmediata sinceridad.

Habla literalmente.

Di lo que quieres decir sin justificarte, sin deseo alguno de manipular, y sin preocuparte de cómo pueda el otro interpretar tus palabras.

Practica el descuido.
Experimenta la felicidad que eso trae. **Byron Katie**

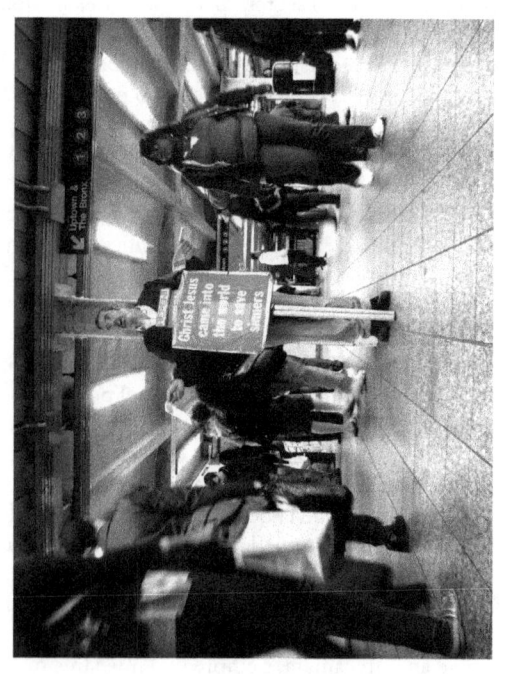

Lección 19: Cree en ti mismo

¿Eres fotógrafo?

Ante esta pregunta que te harán tan a menudo, es fundamental que respondas con entusiasmo: "¡sí!", y que además lo creas firmemente.

Antes de embarcarnos en cualquier aventura, iniciativa personal o afán, que entrañen algún tipo de amenaza para nuestro ego, debemos tener una fe incondicional en nosotros mismos y en lo que hemos decidido hacer —a sabiendas de los riesgos y del ridículo.

Uno ha de estar dispuesto a asumir cuanto se le presente con entusiasmo y un optimismo a prueba de bombas. Pensemos: "¡Todo es posible!" Ese es el pensamiento que ocupa la mente de los campeones, los ganadores, los atletas olímpicos, los pioneros… de la gran mayoría —si no todos— quienes tienen éxito en la vida. ¿Por qué, entonces, no habríamos nosotros de tenerlo?

Y la respuesta afirmativa ha de ser inmediata, sin importar el estatus o la ausencia de compensación económica por el trabajo fotográfico —o cualquier otra actividad— que a uno le apasione.

Una sonrisa sincera, de esas que reconfortan porque se clavan en el corazón, es también una espléndida forma de dejar bien clara tu respuesta. La sonrisa es una de las armas más contundentes que tenemos a nuestro alcance, porque logra que casi cualquiera de nosotros nos sintamos bien acogidos y, en un abrir y cerrar de ojos, despojados de y, en un abrir y cerrar de ojos, de nuestros temores, paranoias y reservas.

Tomemos en serio nuestras fotos aunque nadie nos pague por ellas; si hay algo que compense el tiempo y el sacrificio que uno emplea en lo que hace es el esfuerzo genuino. De no existir tal esfuerzo, mejor será que guardemos nuestro ostentoso equipo y nos conformemos con usar una Polaroid, o la ubicua cámara del móvil.

Y así, cuando los curiosos se acerquen a preguntar "¿dónde? ¿Cuándo? ¿Para quién?, no tengamos reparos en explicar que somos ávidos fotógrafos aficionados.

Tan importante como tener la confianza para llamarse a uno mismo fotógrafo es el sentimiento de serlo, siquiera porque se ama el oficio.

> *Nunca se te concederá un deseo sin que te sea*
> *También concedido el poder de hacerlo realidad.*
> *Sin embargo, puede que tengas que luchar por ello.*
> **Richard Bach**

Para bien o para mal, soy confiado y leal por naturaleza, y mi actitud tiende a ser abiertamente optimista, de modo que la "realidad" rara vez ha supuesto un impedimento para mí.

A medida que fui alcanzando madurez y sumando experiencias, me convencí de que la realidad entraba en el ámbito de aquello en lo que yo podía influir, porque era claramente relativa y se dejaba moldear a mi antojo; la realidad era lo que yo quería que fuese.

Por tanto, si yo estaba dispuesto a hacer los sacrificios necesarios, cualquier aspiración era posible; bastaba con renunciar a muchas de las cosas —como el sueño, el descanso y el tiempo de ocio, o las lánguidas horas vacías empleadas en no hacer nada en absoluto— que otros dan por sentadas; solo necesitaba concentrarme y dirigir mi energía, entusiasmo y atención hacia una tarea: ~~la de~~ diseñar y poner en marcha mi propio destino.

Es importante entender que esta mentalidad tan poderosa puede emplearse por igual con las cosas en general y en las más insignificantes situaciones. Al ponerla en práctica, todo queda a nuestro alcance; y, si acaso negarse a hacer un esfuerzo le convierte a uno en culpable, nunca nos podrán tachar de víctimas.

Justo al otro lado de la calle en la que la policía me había detenido e interrogado, frente al túnel de Queens-Midtown, había un local en el que alargaban la "hora feliz" y servían margaritas a cinco dólares; agotado, di por terminada mi sesión fotográfica de aquella noche y se me ocurrió que un poco de lima, sal y tequila me podían ayudar a relajarme.

Me sirvió una guapa camarera a la que decidí fotografiar. Al principio, cuando empecé a hacer fotos, se mostró contrariada y, en tono burlón —el ceño fruncido y un ligero estrabismo—, me preguntó:"¿es a mí a quien estás haciendo fotos?" De entrada pensé que debía mentir, pero luego decidí que lo mejor era buscar otra salida y contesté con sinceridad: "Pues, sí, señora, claro que es a usted a quien estoy fotografiando".

De repente apaciguó el tono y siguió preguntando: "Ah, ¿es usted fotógrafo? Y otra vez, por un momento, tuve que pensarme la respuesta. "¿Soy fotógrafo?" Acababan de llamarme la atención por no seguir las reglas, por tratar de captar, una vez más —y con las circunstancias en contra—, la belleza del movimiento que hacía latir a la metrópolis; y entonces comprendí que "Sí, soy fotógrafo", y eso contesté.

Para mi absoluta sorpresa, ella sonrió y dijo: "vale, dispare entonces".

Mi intuición me dijo que quizá aquella mujer fuese aspirante a actriz o a artista de algún tipo, como tantos otros que hacen turnos de noche en esta ciudad. En efecto, según me confirmó, era lo primero; y acto seguido, en una demostración de su ágil capacidad de actuación, posó "no-tan-sutilmente" para mí, pasando, en cuestión de segundos, de ser una recatada —o paranoica— extraña a una locuaz ramera-fotográfica.

Finalmente, me sentí entusiasmado una vez más por haberme decidido a decir la verdad, aunque solo se tratase de mi verdad relativa de aquel momento. Tuve la osadía de creer en mí mismo a pesar de que, momentos antes, al otro lado de la calle, alguien había dejado mi ego por los suelos.

También, por otra parte, era consciente de que rendirse a la primera me abocaba al fracaso. Son muchos los que abandonan después de su primera caída porque, a continuación, pierden la confianza en sí mismo. Quienes ganan no se encogen nunca ante las circunstancias, persisten en su empeño, creen en sí mismos y en sus aspiraciones y, al cabo, alcanzan aquello que consideran verdadero. Porque el primer paso hacia la verdad es la fe en uno mismo.

Si crees que puedes o piensas que no puedes, tienes razón.
Henry Ford

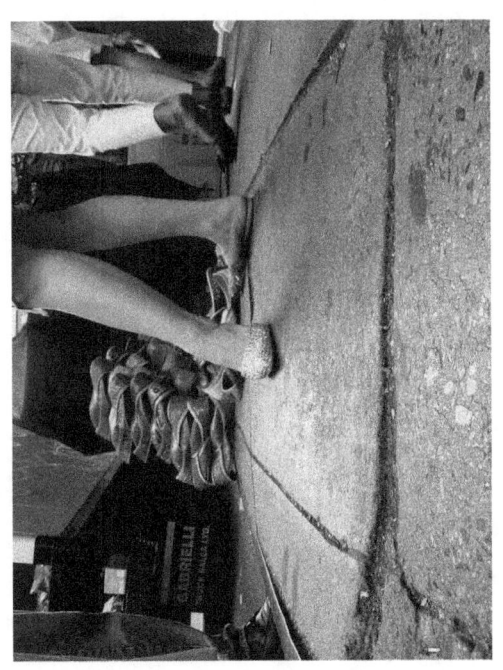

Lección 20: mantener el rumbo

La fotografía pasó en seguida a formar parte de mi rutina cotidiana, y pronto me sirvió también de punto de referencia emocional y psicológico. Hacer fotos era una estupenda catarsis; se convirtió en mi psiquiatra, mi religión, mi subida de adrenalina y me ofreció algo a lo que agarrarme cuando tuve que atravesar el turbulento mar de mi separación.

Tampoco fue el azar —creo— lo que me empujó a refugiarme en un santuario religioso, una casa de Dios en la que, antes que yo, millones de almas atribuladas buscaron consuelo, sentido a sus preguntas o, simplemente, algo a lo que aferrarse para, tras un momento de reposo, retomar con ánimo sus vidas.

Como ya he mencionado, la fotografía vino al principio a sustituir a algo que, hasta entonces, había hecho las veces de mi brújula y mi tabla de salvación, mi sexto sentido y mi rasero: la escritura. Pero en seguida comprendí que ambas artes se complementaban perfectamente, así que, al incorporar ésta, sentí que volvía a la vida con redobladas fuerzas: doblemente consciente, comprensivo, atrevido y dispuesto a perseguir mis sueños y todo lo que consideraba bueno para mí, por muy irrelevante que a otros les pudiera parecer.

El sol mismo se convirtió en una inagotable referencia existencial para mi pensamiento, porque si en algún momento me sentía desanimado, me bastaba un poco de luz del sol para convertir mi ceño fruncido en una sonrisa.

Y así, cada oportunidad que se me presentaba de fotografiar el magnífico sol que ilumina la ciudad de Nueva York era motivo de alegría. El hallazgo, entre aquellos angostos pasadizos de hormigón, de algún callejón, calle, o simple grieta, en los que el sol penetrase en su justa medida, me provocaba una emoción muy personal. El simple hecho de estar allí, hacer algunas fotos y poderlas luego compartir era, de por sí, una delicia.

Hay muchas cosas de la vida cotidiana que a todos nos pueden servir de referencia interna: todo cuanto heredamos, por ejemplo, nuestra familia o nuestros amigos. Pero, si bien es cierto que esos elementos tangibles contribuyen a que tengamos una vida más estable y centrada en lo exterior, muchos de nosotros sentimos que también los ideales, los valores y las pasiones nos proporcionan —interiormente— una ayuda similar.

Luego está todo eso que llamamos nacionalismo, patriotismo, religión, fanatismo por algún equipo deportivo, y tantos otros "ismos" que dan significado a nuestras vidas, aunque por razones artificiales. Porque, habitualmente, en lo que respecta al comportamiento y al pensamiento, las tradiciones, rituales, normas establecidas y otras creencias de ese tipo requieren que el individuo se subordine a lo que otros ya han fijado como adecuado, en lugar de tratar de averiguarlo por sí mismo.

A la larga, aceptar sin más lo que nos han enseñado hace nuestra vida más fácil, pero no más satisfactoria.

Después de todo, cuando se trata de decidir lo que es correcto o incorrecto, izquierda o derecha, boca arriba o boca abajo, lo más importante —en todo momento y lugar—es confiar en la referencia interior que nuestro propio instinto nos señala. Hay más estabilidad en una mente flexible y una moral abstracta que en el estado en que uno ya lo ha "resuelto todo". Lo que a mí me permitió llegar al punto en que me encontraba fue mi referencia interior. Por fin escuché, después de largos años sin prestar atención a aquel instinto primigenio, y entendí que, de algún modo, debía seguir adelante.

Existe un hecho que, lamentablemente, preferimos ignorar, lo cual nos conduce a una serie de percepciones equivocadas y malentendidos: A lo largo de nuestra vida, todos crecemos como personas, incluso —quizá con más razón— cuando tomamos la decisión de compartir nuestro día a día con otra persona completamente diferente.

Aunque la presión a nuestro alrededor para que nada cambie es enorme, acomodarse a ella solo nos hace sentir aún más desorientados y, al cabo, infelices, y genera un cúmulo de discusiones y pequeños malentendidos que no parece tener fin.

Si desde que tenemos uso de razón entendiésemos que estamos sujetos a un constante crecimiento —que a veces debemos atravesar a solas—, la idea del matrimonio sería más fácil de poner en práctica para muchas de esas parejas que, en la actualidad, parecen simplemente resignadas a soportarlo.

Porque lo cierto es que los tiempos cambian; en el pasado era inconcebible que la idea de "familia" implicase la diversidad que hoy en día le atribuimos. Cada vez hay más parejas que posponen el momento de la boda, más personas dispuestas a indagar en el significado que para ellos tiene el hecho de mantener una relación o elegir a una pareja; y hay mucha gente que, al final, decide permanecer soltero o soltera durante el resto de su vida.

Si la llegada de internet ha enriquecido los procesos de formación de parejas, también ha significado el fin de las citas tradicionales, porque pone el listón de nuestras expectativas demasiado alto. La gente está menos dispuesta que nunca a comprometerse, a ser paciente y transigir con las peculiaridades de los otros, porque siempre pueden "encontrar a alguien más". Y, al cabo, esa forma de ver las cosas no hace sino alimentar la falacia de que, ahí fuera, hay un alma gemela esperándonos. Y en efecto, tal vez, en alguna parte, haya otros u otras mucho más afines a ti. Y sí, la combinación de internet y ciertos algoritmos puede que te permita encontrarlos.

Pero al final siempre hay diferencias, imprevistos; para algunos, la infancia se prolonga durante 20 ó 30 años; otros, han tenido turbulentos periodos adolescentes que les llevan a una soledad cada vez más acusada; cada acontecimiento individual influye y moldea nuestro ser y nuestro devenir.

Si uno es de los que creen en el matrimonio, debe aceptar y esperar el hecho de que alcanzar la armonía matrimonial entre dos personas implique un intervalo de tiempo similar, entre veinte y treinta años. Entonces, y solo entonces, puede realmente una pareja iniciar su crecimiento compartido.

Fue así como entendí durante mi separación que mi mujer y yo teníamos raíces arraigadas en terrenos completamente distintos, y terminé por aceptar que nuestros diferentes valores y formas de lidiar con la vida nos abocaban a la separación.

Una vez más, para hacer frente a aquellas circunstancias que me iban alejando de las comodidades de lo rutinario y lo material, debía confiar en mi referencia interior y centrarme en la búsqueda de la felicidad a través de mi pasión por la escritura y la fotografía.

Si uno confía siempre en sí mismo para mantener su equilibrio emocional y cognitivo, siempre estará preparado para arriar el ancla interna y seguir el camino, donde sea que el viento de la vida le lleve.

Si, de lo contrario, uno depende de otros, se expone a quedar atrapado en el barro.

Si no puedes cambiar la dirección del viento…
Ajusta las velas.
H. Jackson Brown, Jr.

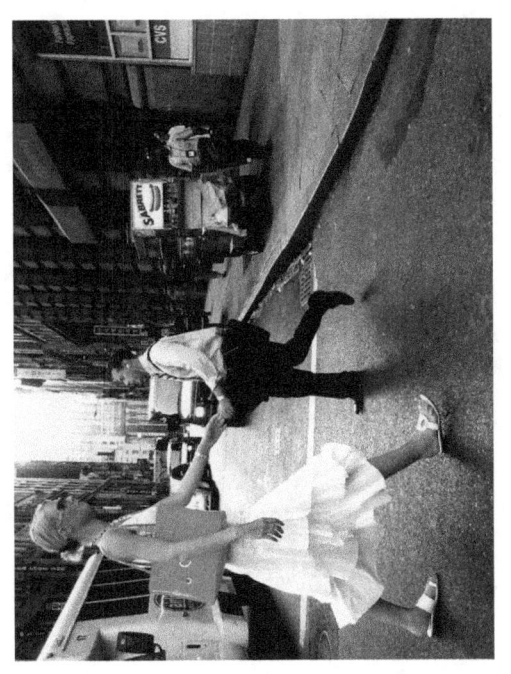

Lección 21: Eyes Wide Open (abre bien los ojos)

Durante la temporada en que viví solo me despertaba a solas, salía a hacer fotos y comía a solas, y aquella permanente soledad me hizo ser mucho más consciente de que en realidad no estaba solo: Además del resto de la gente, el mundo estaba repleto de vida y de belleza en permanente movimiento.

Una mañana salí a hacer fotos y saqué toda una serie que concluí con imágenes de los transeúntes pasando junto a un muro —de un vívido color azul— y unos contenedores de basura rojos.

Más tarde, revisando la serie descubrí una invariable característica en los viandantes; casi todos iban "sintonizados": O bien hablaban por el móvil, o se habían desentendido del cacofónico alboroto exterior con los auriculares del iPod.

La fotografía me enseñó que uno debe siempre hacer su vida en con el ambiente que le rodea, y abrir los ojos a la belleza que éste le brinda. Pero —como también aprendí—, al hacer fotos uno ha de tener los dos ojos, literalmente, abiertos.

Al parecer, es "natural" cerrar un ojo para ayudar a que el otro, situado en el visor, pueda concentrarse.

Puede que ese razonamiento sea aplicable a nuestros órganos visuales, pero la capacidad de visualización de la mente es aún mayor. Con los dos ojos abiertos, uno obtiene una visión periférica crucial para captar esa "fantasía pasajera" en el momento adecuado.

También aprendí que es muy recomendable sacar unas pocas fotos previas, a modo de calentamiento, para asegurarnos de que los ajustes de tiempo, ángulo y encuadre que hemos hecho son correctos.

Por desgracia, los menús de las pantallas LCD han dejado obsoletas esas prácticas, tal como las cámaras digitales hicieron con las de carrete tradicional.

Pero eso no impide que mantener los ojos abiertos siga siendo —aún con mayor motivo— un gran mantra para llevar una vida completa y rebosante de significado; porque la gente va por la vida —en la mayoría de los casos— con los ojos medio cerrados.

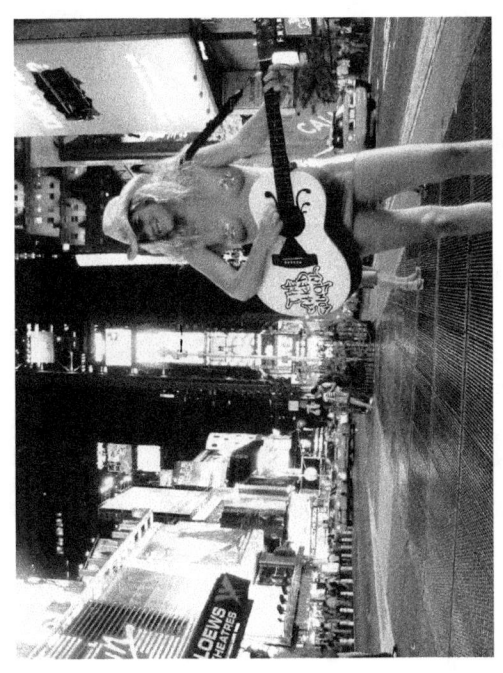

Lección 22: cada día es extraordinario

Al despertar una mañana, tomé la decisión de que a partir de entonces haría algo fuera de mi rutina diaria, algo distinto de lo habitual que mejorase mi vida cada día, siquiera un poco.

Lo de menos era escoger tareas más o menos trascendentes; con que hiciesen mi vida ligeramente mejor, me bastaba.

Una noche me puse a ordenar el armario; clasifiqué los trajes, coloqué las camisas por colores y alineé las corbatas de tal forma que se solapaban armoniosamente unas con otras. Tener el armario ordenado es, desde hace tiempo, una de mis prioridades. No me gusta perder ni un solo minuto en decidir qué ponerme. De hecho, acostumbro a elegir cada noche lo que me pondré al día siguiente, y lo dejo separado en un estante (y, desde hace mucho, quiero dar un paso más y comprar una docena de camisas, americanas, pantalones, calcetines y zapatos iguales, negros —o blancos—, a ser posible, para no tener que pensar en cómo combinarlo todo.)

Otras noches, mientras andaba ocupado en encontrar esos pequeños detalles de la vestimenta que tanto cuentan al final, dejaba que mis pensamientos se expandieran y tomasen forma libremente por unos breves —pero deliciosos— instantes.

Si tenía la eventual necesidad de ir al *deli* de la esquina y probar algo nuevo, lo hacía para —de forma consciente— expandir mis horizontes, y ampliar mis experiencias de las muchas variedades en que la vida muestra su esplendor.

A veces tenía que esforzarme en cosas un poco más serias. Por ejemplo, en lugar de salir a hacer fotos a algún vecindario que aún no hubiese visitado, me quedaba en la oficina, buscando sitios en internet a los que enviar mis trabajos.

Después de todo, si cada día es extraordinario, uno tiene a diario la oportunidad de ser y hacer algo excepcional.

No es de extrañar que a veces nos desanimemos ante la banalidad y el hastío de nuestra existencia, o que las apariencias nos hagan creer que la hierba es siempre más verde en el lado del vecino; en realidad suele ser igual de verde en nuestro lado, o incluso más. Basta con que eches un vistazo a tu alrededor; tanto si vives en un pequeño pueblo de Ohio, frente a la calle principal, o en los bloques del Morningside Heights de Manhattan, tus alrededores están repletos de imágenes fotogénicas.

Por lo general, todo se reduce a algo tan simple como que uno amplíe sus perspectivas y se esfuerce por crear a partir de la nada. Cada día es verdaderamente extraordinario si uno está vivo y con salud, y si tiene la suficiente astucia como para contemplar la gloria del amanecer, y la belleza al desnudo de todas las cosas que damos por sentadas.

> *Hay dos maneras de vivir tu vida.*
> *Una es como si nada fuese un milagro.*
> *La otra es como si todo fuese un milagro.*
> **Albert Einstein**

A mí me invade esa sensación cuando camino por las calles de Manhattan, porque no es difícil que nos pasen desapercibidas las impresionantes obras arquitectónicas que adornan la ciudad. Tal vez, si las vemos a diario, nos de la impresión de que todas son muy parecidas; pero si eso sucede no es, ni más ni menos, porque apenas dedicamos ni un solo instante a contemplar lo que cada edificio, cada gárgola, cada maravilla de la arquitectura moderna tienen de significativo.

Para apreciar de forma honesta y provechosa un trabajo artístico digno de reconocimiento deberíamos emplear, al menos, el mismo tiempo que necesitó su autor para crearlo.

Puede que estemos más cerca de ofrecer a lo artístico el tributo que merece cuando repetimos una y otra vez un mismo tema musical —al menos hasta que algo o alguien nuevo atrae nuestra atención; o cuando le damos a la canción un significado personal, estableciendo algún vínculo con un determinado ritual, costumbre o recuerdo importantes en nuestra propia vida.

Siempre existirá un inherente y lógico desequilibrio entre el esfuerzo que hizo falta para convertir un instante de inspiración en una —más o menos— permanente manifestación gloriosa, que algunos denominan arte, y la energía que empleamos en disfrutar del resultado del trabajo del artesano, el artista o el arquitecto. Solemos limitarnos a fugaces miradas en los museos, pausados bailes al ritmo de la música —que, al final, no es sino el conducto hacia el arte más dinámico del romance (es decir, la fabricación del amor) —, o a releer unos pocos pasajes de algún libro inspirador...

Esta irregular relación del arte con la escasa energía que dedicamos a disfrutarlo, y con el superficial intento que hacemos para entender su significado, es como si el brillante esplendor de una epifanía únicamente despertara en nosotros la curiosidad por la tenue luz que en ella se refleja. La admiración nace, precisamente, de ese desequilibrio.

Por eso la Capilla Sixtina, la catedral de Notre Dame, el Taj Majal, la Meca, las pirámides, o cualquier rascacielos que "rasque el cielo"... imploran por nuestros suspiros y nuestra admiración. Desde esas maravillas arquitectónicas hasta una simple canción de amor, los más profundos versos o las más extensas epopeyas, todas son obras que damos por hechas con demasiada facilidad.

Puede que no haga falta perder tiempo en homenajes ni en ritos de veneración para apreciar en su justa medida esas tremendas obras, esas maravillas de la arquitectura como son, por ejemplo, los edificios de Nueva York, que hacen de la ciudad una de las más grandiosas del mundo; pero de vez en cuando, si no a menudo, deberíamos mostrar lo increíblemente afortunados que somos de conocerlas, de pasar a diario frente a ellas, de caminar a la sombra de esos gigantes... Y, aún más, emocionarnos por el esfuerzo —pequeño en ocasiones, pantagruélico en otras— de los hombres y mujeres llevaron a cabo sus creadores o creadoras.

Porque la vida se convierte en algo asombroso cuando uno se da cuenta de lo realmente asombrosa que es.

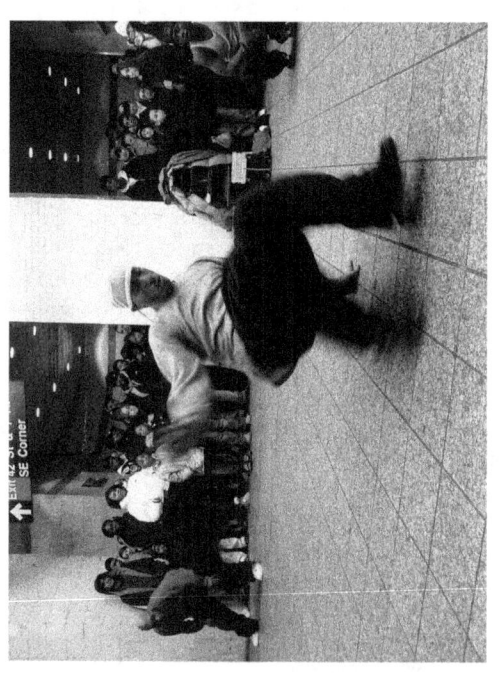

128

Lección 23: Visualiza

*Gran parte de lo que nos sucede en la vida se convierte en historia, pero entre las
funciones del arte está la de arrojar cubos de luz en las sombras y hacer de la vida
algo nuevo otra vez.*
Una historia natural de los sentidos, Diane Ackerman

Cuando me separé, la fotografía se convirtió para mí en una
actividad tan satisfactoria que empecé a visualizar, como jamás lo
había hecho, la posibilidad de llegar a ser un artista de éxito.

Pero el primer paso consistía en superar mis propios
prejuicios. Tuve que aceptar el hecho de que podía convertirme
en artista antes, incluso, de esforzarme en serlo.

Irónicamente, mi padre pudo haber sido un notable
partidario de esta forma de ver el asunto (cuando, por ejemplo,
me aconsejaba, "hijo, usa tu imaginación"); pero, sin duda, fue
también uno de sus mayores detractores.

Y no le culpo.

Porque si, por una parte, trató de disuadirme de hacer
carrera en el ámbito artístico, tanto él como mi madre me
proporcionaron todo el apoyo —económico y moral— que
necesitaba para asistir a un buen instituto, y luego a la
universidad, a pesar de que, durante mi primer año universitario,
ellos ya habían iniciado el proceso de divorcio.

De no haber sido por mi experiencia en el instituto y,
más concretamente, en mi primer curso universitario de
literatura no habría leído el *Ulises* de Joyce, y quizá no hubiera
sentido el deseo de ser escritor. Lo cierto es que al principio fui
incapaz de entender tantísimas referencias al mundo clásico de la
antigüedad; pero lo intrincado de aquellas palabras me
emocionó, hizo crecer en mi interior un imborrable, grandioso y
romántico amor por las palabras.

Enseguida comprendí que cada persona tiende a ser
producto del ambiente en el que crece, de su cultura y herencia.
Por muy enfadado o frustrado que pudiera yo estar con alguien,
y en particular con mi padre, entendí que, cuando uno acepta a
las personas como son —y reconoce que no pueden evitar ser de
esa forma, como ninguno podemos impedir que nos afecten

129

ciertas cosas—, solo entonces se permite uno expulsar de su interior las emociones negativas, que tienden a generarle problemas y a hacerle malgastar gran parte de su preciado tiempo.

Aunque de pequeño no veía a mi padre con tanta frecuencia como hubiese deseado, pasado un tiempo comprendí que él siempre había trabajado muchísimo para que mis hermanos y yo tuviésemos las mejores oportunidades de madurar y de apreciar —y aprovechar en todo lo posible— esta grandiosa vida.

En alguna ocasión, cuando bebía más de la cuenta y se emocionaba, mi padre me contaba cómo su madre había trabajado de sol a sol para ahorrar, y que su hijo pudiese asistir hijo fuese a una escuela pionera frente a la frontera de Méjico en el Paso, Tejas. Pero él se negó a ir; se avergonzaba de su pobreza y se sentía culpable de que no pudiesen comprarle un par de calcetines y, menos aún, costear su educación. Así que, en sexto, dejó el colegio.

Pero al cumplir los diecinueve decidió que él iba a ser el primero de los ocho hermanos en salir de casa y del pueblo. Se fue a San Jose, California; allí conoció a mi madre, y un año después, se casaron. Yo nací al año siguiente. Durante mi primera infancia vivimos en varios apartamentos; luego nos mudamos a una casa en la calle McEvoy con mi hermana de dos años y otro hermano recién nacido.

Creo que fue ahí donde mi vida cambió para siempre en el mejor de los sentidos, donde empezó la parte más fecunda de mi infancia; yo era el mayor de los hermanos, y eso me daba más libertad para explorar mi propia vida y buscar formas de entretenimiento, y me permitió vivir muchísimas experiencias que guardo en mi memoria con gran cariño. Fue ahí donde aprendí algunas ideas sobre el bien y el mal, sobre chicos y chicas, sobre el dolor y, también, sobre la dicha más absoluta. Los años que viví allí, y que recuerdo como felices, me dieron la capacidad de imaginar todas las posibilidades del futuro que tenía por delante.

Fue allí donde aprendí a montar en bicicleta; bajo la sombra de un enorme árbol, Mary me dio allí mi primer beso; allí me revolqué en el barro del patio trasero con mis dos primos mayores; allí, con el gigantesco aparcamiento que había junto a la casa como refugio, mi amigo Marcos y yo y jugábamos a fumar los cigarros que le hurtábamos a mi tío Samuel, hasta que nos cazaron y tuve que pedirle perdón; fue uno de los momentos más embarazosos de mi infancia, y me marcó tanto que no volví a fumar.

La casa de la calle McEvoy fue también el sitio donde, a los siete años, eché mi primer vistazo a hurtadillas a una adolescente desnuda; y donde, más adelante, noté la primera punzada —que yo recuerde— de mi libido; un día, mientras escudriñaba el hueco de la cerradura para admirar a mi prima adolescente, recién salida de la ducha, entró mi padre en la habitación y me descubrió.

Aparte de todas esas entrañables y formativas experiencias de mi primera y despreocupada juventud, el sótano de aquella casa fue el lugar donde mi padre inició —junto a su hermano— su negocio de muebles y decoración.

Después de una extenuante jornada de trabajo en la cadena de montaje de la antigua fábrica de automóviles de General Motors, en Fremont, mi padre llegaba a casa y hacía trabajos de tapicería hasta altas horas de la noche. En apenas un año trasladó el local de su boyante negocio a un enorme edificio en el que instaló toda una planta de manufacturación, y una tienda de venta de muebles al por menor.

Con siete años empecé a echarle una mano durante los fines de semana, vacaciones de verano y días de fiesta; me dedicaba a barrer los restos de serrín y de otros materiales del suelo de la fábrica; hacía carteles y más carteles, y al final terminé haciendo incluso muebles.

Al principio ganaba cincuenta centavos por hora y acababa con las manos llenas de callos. Aquella actividad me dejaba agotado, y estaba deseando salir a jugar con otros niños; pero también, gracias al trabajo, pude comprarme un montón de cómics. Quizá aquellos años no estén entre los más queridos recuerdos de mi juventud, pero de ellos pude sacar una ética vital y profesional que luego apliqué escrupulosamente en la escuela, en trabajos posteriores y en mis grandes pasiones.

Y también comprendí por qué, para mi padre, el trabajo duro era tan importante; no era solo que le permitiese —a él y a su familia— acceder a la comodidad material de la que careció durante su infancia en Méjico; también hacía posible que sus hijos disfrutaran la educación que él mismo no pudo tener.

Pero, para alcanzar el éxito, no bastaba con diligencia y perseverancia; mi padre logró también algo aún más necesario: visualizar todas sus posibilidades.

No obstante, en un momento determinado, el límite respecto a las metas a las que su educación le permitía aspirar pareció alzarse frente a él, como un infranqueable muro. Tenía el convencimiento de que un hombre estaba obligado a empezar cuanto antes a trabajar para ganarse el jornal y, acumulando suficientes recursos, evitar una vida marcada por la pobreza.

Tan arraigado estaba su convencimiento que, cuando yo decidí ir a la universidad, tuvimos una fuerte discusión que a ambos nos frustró enormemente; para él era impensable que seguir estudiando tuviese utilidad alguna, y yo no supe convencerle de que lo insensato era, precisamente, no seguir aumentando mi potencial. Había llegado mi turno de visualizar posibilidades.

Mi decisión definitiva fue que, con o sin su beneplácito y apoyo, volvería a estudiar. Después de los cuatro años del grado en Estudios Culturales Internacionales que estudié en la Universidad de California, y de tantas cosas que allí aprendí sobre las maravillas del mundo, me negaba a pensar que la recompensa a mi aventura académica iba a ser un trabajo que me tendría encerrado de por vida en una oficina.

Empecé a visualizar y a investigar las posibles salidas de aquella desalentadora mediocridad, y en seguida concluí que lo más sensato era volver a las aulas.

Y así, mientras trabajaba por las noches, a jornada completa, como cajero en el sótano del hotel Fairmont, me inscribí en el máster en ciencias políticas de la universidad estatal de San José, en nuestra misma calle.

A partir del segundo semestre conseguí algunas becas, me compré mi primer Mac y encontré un trabajo como tutor en el taller de escritura de la universidad. Eso me permitió centrarme en mis estudios y adquirir los recursos —más allá de las clases y el trabajo— que necesité cuando, a los veinticuatro años, escribí mi primer libro. Nunca llegué a publicarlo, pero lo sentí como uno de mis primeros grandes logros y me dio confianza para, en los años siguientes, seguir perfeccionando mis habilidades literarias.

Luego decidí trasladarme al máster en asuntos públicos internacionales de la universidad de Columbia, y mi padre volvió a mostrar su rotundo desacuerdo; le disgustaba especialmente mi idea de instalarme en la otra punta del país. O eso me pareció entender.

En setiembre de 1992, a pesar de su oposición y gracias a la generosa ayuda de mi madre, los préstamos estudiantiles y una beca de trabajo, me trasladé a Nueva York.

Pasado el primer semestre empecé a trabajar como coordinador de eventos en el Instituto Ibérico y Latinoamericano, y trabé amistad con una de las profesoras que trabajaban allí.

Una noche le mencioné, de pasada, algo respecto a la oposición de mi padre a que siguiera estudiando. Su respuesta arrojó sobre él una luz completamente distinta. "No se trata de que él esté en contra de tu educación"—me dijo; "simplemente, no quiere que dejes la familia, no quiere que te vayas". Aquellas palabras me llegaron a lo más hondo; sin saber por qué, sabía que estaba en lo cierto.

Me sacudiré el polvo de esta mísera ciudad y me marcharé a ver el mundo. Italia, Grecia, el Partenón, el Coliseo. Después, volveré para estudiar en la universidad y ver lo que saben allí. Y luego construiré… Construiré aeropuertos, rascacielos de cien pisos, un puente de una milla de largo.
George Bailey, *"Qué bello es vivir"*

Como George Bailey en "Qué bello es vivir" —el clásico de Frank Capra—, también yo ideé grandes, fantásticos y ambiguos planes, en cuanto estuve preparado para vivir mi vida como adulto independiente. Pero en mi caso, como en el suyo, las cuestiones económicas se antepusieron en seguida a los nobles planes.

Cuando, recién graduado, llegó el momento de conseguir un trabajo, acepté a regañadientes el razonamiento de mi padre en lo referente a la escritura. Según él, escribir —o, por el mismo motivo, cualquier otra actividad relacionada con el arte— no era práctico en absoluto. ¿Cómo vas a ganar ningún sueldo —solía decir— haciendo eso, hijo? A mí me disgustaba, pero sabía que estaba en lo cierto; porque en mis ensoñaciones no había nada referente a cómo me las iba a apañar, cómo iba a conseguir un salario, a ganarme la vida.

Por aquel entonces yo era un completo inexperto. Mis ideas sobre la forma en que el dinero mueve el mundo eran casi nulas. Tampoco sabía nada sobre el hecho de que, en cuanto uno empieza a acumular obligaciones y aspiraciones, se amontonan también las necesidades de dinero para costearlo todo.

Y no tenía la menor idea del compromiso financiero que implica ser pareja de alguien, padre y dueño de una casa; la suma es más que considerable si, además, uno está sometido a la constante presión de mantenerse al mismo nivel que los vecinos. Pero al final transigí, a pesar de mis sueños, y llevo quince años desarrollando una carrera profesional en los ámbitos de las ventas, la comunicación y la preparación de eventos. Aunque no he podido poner en práctica mi espíritu creativo y mis habilidades con tanta libertad y frecuencia como hubiera deseado, mi trabajo requiere, de vez en cuando, cierta creatividad; de modo que, hasta el momento, estoy satisfecho. Por otra parte, he tenido el suficiente éxito en el ámbito laboral como para satisfacer las necesidades propias de madurar y hacerme mayor.

No obstante, a pesar del éxito laboral, descuidé algo mucho más importante para mí; durante casi toda mi vida he reprimido mis deseos de dedicarme plenamente a ser escritor y artista, y he hecho lo que consideraba más práctico y lo que se esperaba de mí.

En lugar de vivir "la vida loca", opté por tomar el buen camino; fui estudioso y perseverante. Terminé el instituto, la universidad y el posgrado. Conseguí un trabajo. Me casé, tuve hijos, compré una casa. Y luego conseguí un trabajo convencional en una empresa, bien pagado, que me permitía pagar todas las facturas acumuladas a lo largo del camino: cada una de las cosas que me han conducido hasta aquí, al interior de estas cuatro paredes grises enmoquetadas donde, en los últimos siete años, he pasado entre diez y doce horas diarias.

Descontando los días de vacaciones personales y de la empresa, paso unas 2.300 horas anuales moviendo papeles; si se añaden las dos horas de trayecto, son 2.760 horas anuales de dedicación al trabajo hasta el fin de mi vida laboral. En caso de que, con suerte, me pueda retirar a los 65 —es decir, dentro de tan solo 26 años—, serán otras 71.760 horas de tiempo encerrado en un cubo.

No es de extrañar, supongo, que desde hace una temporada me sienta atrapado en este estrecho túnel del destino; no resultó fácil visualizar algo que estuviera fuera de mis necesidades más inmediatas; las palabras de mi padre —"ganar más dinero"— me perseguían.

Pero luego vino la revolución digital. Más o menos durante los cuatro últimos años he estado experimentando con el video digital, la foto fija y los programas de diseño, y he creado varios álbumes de fotos familiares y cientos de ilustraciones que complementan mis textos en verso.

Me familiaricé en gran medida con los recursos de la tecnología digital y estaba muy satisfecho de poder jugar con ello, experimentar y explorar todas las posibilidades que los píxeles, los bits y los bytes me proporcionaban.

No obstante, el verdadero cambio de suerte llegó con mi separación, y acompañado también de una idea repentina, la de usar la cámara digital para librarme del aburrimiento. La fotografía me permitió usar mis habilidades técnicas y mi sensibilidad estética, y expresar mi creatividad de forma ilimitada. La fórmula que me permitió aspirar al éxito artístico fue el resultado de sumar la facilidad de uso y versatilidad propias de los equipos digitales con el impresionante software y los servicios online —como flickr.com— que respaldan este medio.

Una vez más, empecé a visualizar.

Mientras hacía fotos, se me iban ocurriendo incontables ideas que me acuciaban sin parar, retándome a trabajar con más dedicación y a un ritmo frenético. A veces, el sentimiento era abrumador.

Sé tú el cambio que quisieras ver en el mundo.
Gandhi

Recuerda que el éxito no viene provocado por el pasado, sino por lo que vemos en el futuro. Si nos permitimos a nosotros mismos visualizar el futuro, simular algo a través de nuestros sueños, nos estamos permitiendo la posibilidad, y damos el primer —y crítico— paso hacia el éxito, al pensar: "¡podría suceder!"

Si, más allá de lo existente, no logras visualizar lo que es posible, tampoco podrás avanzar ni progresar; no podrás construir, crear, innovar, ni hacer nada fuera de lo común.

Sin embargo, más importante aún que ser capaz de ver en el futuro es ser capaz de visualizar el proceso que te lleva hasta ahí. La habilidad de planificar con estrategia es lo que marca la diferencia.

Por poner un ejemplo similar, todo gran proyecto de marketing incluye tres objetivos primarios:

- ¿Cómo conseguir que miren?
- ¿Cómo conseguir que se sientan bien por lo que están mirando?
- ¿Y cómo logar que deseen aquello que les hace sentir bien, lo suficiente como para que estén dispuestos a actuar movidos por ese impulso —o inspiración?

A través de estos simples pasos, el buen marketing consigue que miremos; nos hace reír, llorar… y comprar.

La visión es el arte de ver lo invisible.
Jonathan Swift.

Antes de hacer la próxima foto, recuerda visionar el aspecto que va a tener el protagonista, dentro del mejor contexto de sus alrededores; cuáles son los elementos que van a enmarcar al sujeto que te ha llamado la atención. Cuál es la periferia que puede mejorar —o empeorar— el tema principal.

Es fundamental tener en cuenta esos factores periféricos porque, en conjunto, todos ellos contribuyen a delimitar el ángulo, la profundidad, los contrastes de forma y de color, la iluminación y la iridiscencia (o su total ausencia) en tu foto. Esto es especialmente aplicable al fotografiar materias inanimadas.

> *No vemos las cosas como son,*
> *Las vemos como somos nosotros.*
> **Anaïs Nin**

Uno tiende a pensar que sus fotos tendrán un aspecto "plano", burdamente bidimensional, sobre todo si está fotografiando una naturaleza muerta.

Por tanto, es responsabilidad tuya darle vida a los objetos que fotografíes, tomando una ruta diferente de la habitual, acercándote, trepando a un árbol, tumbándote boca abajo, saliendo de tu zona de confort cotidiana para hacer un esfuerzo y extrapolar elementos extraordinarios.

Tal como, hace más de cuarenta años, mi padre pudo visualizar una vida mejor, y dejó a su familia en Méjico para empezar una vida de nuevo en California, también yo tuve que salir de la soleada California para empezar de nuevo en la gran metrópolis de Nueva York. Porque también yo me vi obligado a visualizar una vida mejor para mí mismo.

Y después de completar el círculo, después de acabar, de algún modo, en los suburbios del pequeño pueblo que había abandonado diez años atrás, ~~antes~~, supe otra vez que era el momento de mirar más allá, de imaginar una vida diferente a la que estaba llevando —que solo conducía al callejón sin salida donde acaban los soñadores de cortas miras….

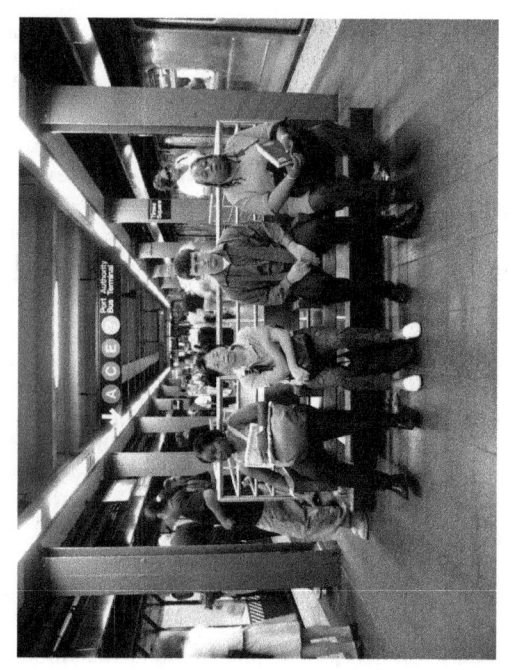

Lección 24: Experimenta

Durante el tiempo en que viví en la iglesia me reté a mí mismo a fotografiar, cada noche, un nuevo sitio de la ciudad de Nueva York. Mis aventuras incluían viajes a los cinco distritos de la ciudad y a muchos de sus grandes barrios y puntos de interés turístico: Astoria, en el distrito de Queens; el camino que lleva por el puente de Brooklyn hasta DUMBO , o Coney Island, ya al final de Brooklyn; el ferry de Staten Island, y todo Manhattan — de un extremo a otro de sus avenidas: Atravesando sus calles, recorriendo el interior de Central Park, o callejeando por sitios de moda como el East Village, Greenwich, Chelsea y el SoHo .

Esa obligación que me impuse a mí mismo convirtió en una suerte de experimento. Porque si lo hacía era, en parte, movido por el deseo de mantenerme ocupado durante los primeros días de mi separación, y evitar cualquier sentimiento de desánimo; pero también se trataba de un reto personal, con vistas a ganar un poco de experiencia intensa e inmediata y, de paso, reconocimiento como fotógrafo.

Y creo que la prueba fue todo un éxito. Tal vez por ser yo mismo mi propio conejillo de indias, tenía la sensación de estar alcanzando unos resultados muy positivos, por no decir extraordinarios.

Además, y quizá aún más importante, acabé enamorándome una vez más de la ciudad.

Irónicamente, mi relación con la ciudad de Nueva York evolucionó de forma muy semejante a como lo hizo mi matrimonio.

Al principio estaba hechizado; cada gesto seductor me engatusaba como a un incauto. Pero en cuanto las cosas se pusieron serias y me vi obligado a ganarme la vida, a soportar malas rachas, neurosis, confabulaciones, paranoias, y la actitud general de tantos neoyorkinos malhumorados, el desencanto no tardó en llegar.

Fue un sentimiento negativo que se prolongó durante casi una década; luego, sin embargo, las circunstancias cambiaron radicalmente, y eso hizo renacer mi amor por la ciudad.

El sitio en particular del que volví a enamorarme es la calle 42, el "Ecuador de Manhattan", que recorre la ciudad como una arteria desde la que le llega el latido de los tiempos. Un *zeitgeist* en movimiento que, desde la autopista del West Side a la sede de las Naciones Unidas, en el East River, abarca algo más de tres kilómetros

La concurrida calle 42 está flanqueada por algunos de los más notables símbolos históricos de la ciudad: Port Authority, Times Square, Bryant Park, la biblioteca Mid Manhattan y, por supuesto, la estación central —Grand Central, por mencionar algunos.

Aquel constante movimiento de viandantes en ambos sentidos de la calleejerció tal atracción en mí que terminé convirtiéndome en un asiduo de la zona.

Lo que hacía de Times Square una zona de experimentación tan idónea era la explosiva mezcla de energía, color, y gente de la más variada procedencia; uno podía encontrarse allí con cualquiera: turistas despistados, neoyorkinos nativos trapicheando en la calle para ganarse la vida, proxenetas y prostitutas y policías; hordas de adolescentes agolpándose a la salida de los estudios de la MTV para echar un vistazo furtivo a sus estrellas musicales favoritas; o toda esa gente que ocupa permanentemente el puente o el túnel, en plena farra nocturna, o de camino a alguno de los espectáculos de Broadway; y los muchos peatones que, como yo, se dirigen por ahí a su trabajo o de vuelta a casa.

Era fácil, en ese incesante ajetreo, encontrar la ocasión de divertirse con la cámara, de desafiarme a mí mismo a captar imágenes llamativas, a experimentar y a correr riesgos que me permitiesen crecer como fotógrafo y crear obras artísticas originales.

Fue allí donde empecé a sacar más fotos con la técnica de apoyar la cámara en la calzada o la acera. Arropado entre las multitudes, sacaba instantáneas aleatorias a extraños que pasaban junto a mí. Elevaba la cámara por encima de la aglomeración de gente, intentando captar imágenes desde el punto de vista de un pájaro. Me paraba en medio de la calle e inmortalizaba a los peatones que pasaban por ahí, como espíritus cosmopolitas. Si había grupos de gente apiñada, les rodeaba —literalmente— y, discretamente, les fotografiaba mientras ellos alzaban la vista, boquiabiertos, hacia los carteles publicitarios y los interminables luminosos que hacen de este lugar una Meca para gente de todos los rincones del mundo. Fue allí, en realidad, donde me obligué a mí mismo a ver el mundo desde todas las posibles perspectivas, para estimular mi pensamiento y ser capaz de contemplar todas las posibilidades.

También allí me recordaba a mí mismo, una y otra vez, mi voluntad de explorar mis límites —como fotógrafo, como artista y como hombre; como padre, compañero y persona social; como individuo y, ante todo, como ser humano.

Lo bueno de experimentar con la fotografía digital es que si los resultados no son convincentes, basta con borrar las fotos. Un par de clicks y uno se olvida de las imágenes horribles, borrosas y francamente malas que han originado su pequeño experimento.

En cualquier caso, uno debe asegurarse de que intenta aprender de esos errores para no reproducirlos en el futuro.

Descubrir nuevas perspectivas es, con frecuencia, una de las prácticas más provechosas, porque le permite a uno redescubrir lo ya conocido y apreciar como inédito lo que otros, simplemente, acostumbran a omitir o pasar por alto.

Así que… aventúrate en lo desconocido; dirígete hacia donde nunca habías pensado ir y fotografía la calle de siempre, esa por la que pasas a diario de camino al trabajo; trepa a un tejado, entra en los callejones, detente en una esquina a contemplar a los que van pasando.

O, simplemente, alza tu cámara lo más alto que puedas y desciende luego, poco a poco… hasta que, por fin, des con una nueva —y atrevida y emocionante— forma de ver el mundo con ese tercer ojo que posees.

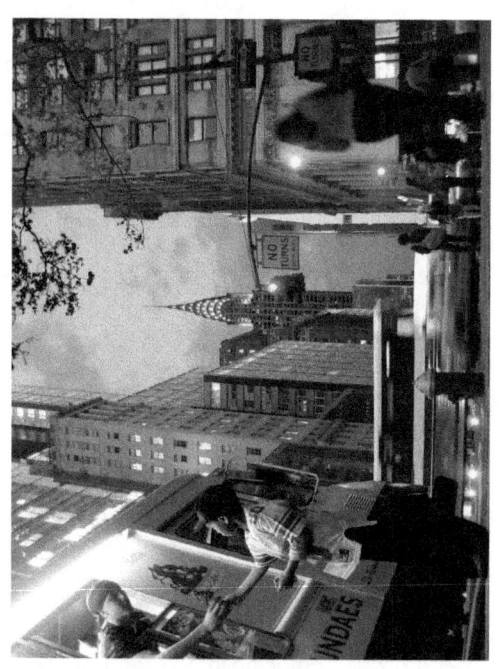

Lección 25: Sé tú mismo

Muchas de las lecciones de este libro no están inspiradas en conceptos inamovibles, sino en ideas que fluyen. Uno no las puede apilar, como guijarros, en montones de sabidurías diferentes, para luego clasificarlas. Casi todas se entremezclan y se superponen en gran medida, van y vuelven de acá para allá, como el agua del mar cuando hay resaca; se conectan, se entrelazan, en un continuo tira y afloja, para luego dejarse ir…

Pero, en mi opinión, toda la sabiduría que uno al final aprende se podría reducir a un único lugar común, una única visión; la raíz ontológica —o resumen— de todo cuanto sabemos:

Sé tú mismo

Lo irónico es que esa sencilla máxima recuerda mucho al típico discurso de Madison Avenue, a base de hábiles eslóganes publicitarios cuyo verdadero objetivo consiste, precisamente, en que uno sea como todos los demás.

El hecho de que la publicidad nos asedie por todas partes, por mucho que lo queramos evitar, añade dificultad a nuestras aspiraciones por diferenciarnos como individuos.

No obstante, y aún con más razón, nuestro objetivo sigue siendo el mismo. Porque ser uno mismo no solo implica comprender lo que a uno le resulta placentero aquí y ahora, en esta vida, sino también la aceptación de las características que nos definen y la superación del temor de mostrárselas a otros.

Además, ser uno mismo implica por definición una diligente búsqueda de todas esas cosas que a uno le estimulan, le motivan, le alegran el día.

Significa perseguir tu dicha.

La constante evolución a la que todos estamos sujetos nos sitúa a menudo ante el dilema de elegir entre la satisfacción de nuestras necesidades más simples o las de la sociedad, la comunidad y, en resumen, las de todos los demás.

Uno encuentra a veces algo que le encaja a la perfección, y durante un tiempo se convierte en lo que uno es y en quien proyecta ser.

Pero en más de una ocasión —por no decir en muchas—, nuestras circunstancias y gustos varían, de modo que el gesto característico, la ropa, o la forma de hablar que antes nos diferenciaban ya no s muestran a la persona en que nos hemos convertido y queremos ahora ser.

Las especies que sobreviven no son las más fuertes, ni las más inteligentes; son aquellas que se adaptan mejor a los cambios
Charles Darwin

El problema reside en que los demás esperan que uno sea e estable. Estamos sometidos a una presión que nos obliga a actuar de acuerdo con determinados precedentes, para que alimentemos la parte del statu quo que nosotros mismos hemos contribuido a crear.

El ámbito donde se observa con más claridad esta dinámica es el de nuestros valores, creencias y compromisos.

¡Dios nos libre de cambiar de opiniones!

Por desgracia, somos presa —una y otra vez—los torbellinos que desmontan nuestras estrategias vitales. Aunque nuestros cambios no sean fruto de un "capricho" nos harán enfrentarnos a la peligrosa pregunta: "¿por qué?"

Sería estupendo que pudiésemos satisfacer la curiosidad de quienes nos dirigen esa pregunta con un sincero: "¿Y por qué no?", y ser consecuentes con ello, tirar para adelante, disfrutar de aquello que hayamos elegido, revivido o planeado de una forma distinta a la anterior.

Quizá, más difícil que lidiar con nuestras volubles inclinaciones propias sea aplicar aquello que nos gustaría llamar "propio", aquello que nosotros mismos hemos creado en solitario y que, al ponerlo en práctica, nos distingue.

Hay personas que sacan a colación las cosas más insignificantes para entablar una discusión con aquellos cuyo comportamiento no se ajusta a lo que "todo el mundo", cree — o considera— convencionalmente aceptable. A veces se trata de algo tan frívolo como la moda, algún pequeño toque personal, por ejemplo, que provoca que los demás intercambien una cómplice mirada irónica y alguno, en seguida, se precipite a contestar, "mira, no es así como se lleva..."

Mantente firme. Se honesto contigo mismo y actúa en función de lo que te haga feliz. Así, la gente aceptará tus peculiaridades e idiosincrasias, o te descartará, simplemente, por excéntrico.

Después de tres meses de virtual aislamiento en la Pequeña Iglesia volví a casa, en un intento de alimentar la reconciliación que mi mujer y yo, mientras nos separábamos, habíamos tratado de fomentar.

Aquello al final no mejoró, por mucho empeño que le pusimos. Una vez más, aunque a finales de 2005 vivíamos en la misma casa, estábamos virtualmente separados. Para evitar las discusiones —que habían vuelto a empezar—, yo pasaba todo el tiempo posible fuera de casa, y me quedaba hasta tarde en el trabajo, ocupado en mi incipiente pasión por la fotografía.

Sin embargo, mi arte solo me podía sostener durante un tiempo. Volví a tener la sensación de encontrarme al borde de un precipicio. Estaba demasiado serio con demasiada frecuencia y necesitaba un cambio desesperadamente.

Un día, de camino al trabajo, llegué a la conclusión de que, al margen del matrimonio fallido, quizá estaba sufriendo mi tercera crisis de madurez. La primera se dio cuando cumplí los 30 años; la segunda, más o menos a los 35. Ahora, más cerca que nunca del afilado borde de los 40, sentía la urgencia de darle un significado a mi vida; ser capaz de contestar fácilmente a la pregunta de qué había hecho de mi vida para que mereciese ser vivida; necesitaba ser capaz de sonreír y contestar afirmativamente que, sin duda, había tomado las decisiones correctas y estaba llevando la vida que siempre había deseado.

La sensación —que me invadió, de forma inusualmente abrumadora, a lo largo del otoño y el invierno— se resumía en las palabras: "Quiero más".

Yo acostumbro a ser el que anima a los demás a estar satisfechos con lo que tienen; y lo que yo tengo, para ser honesto, es mucho: una familia que me quiere y a la que quiero muchísimo; y como no, el puñado de amigos que he conservado a lo largo de los años; un gran trabajo, una casa, un hogar; pasión por la vida, una completa consciencia de cuanto me rodea, una mujer generosa y comprensiva. ¿Qué más podría pedir?

Y, a pesar de todo, aún me sentía obligado a *entregarme* a algo más; a perseguir otro tipo de dicha que no era aquella.

Una noche de enero de 2006 salí a ver la película "Brokeback Mountain". Me conmovió especialmente la historia del personaje que persigue su pasión contra viento y marea, a pesar de los riesgos y de los pensamientos —y acciones— hostiles en su contra.

Cuando aquella tarde volví a casa, le pedí a mi mujer la separación definitiva, con vistas al divorcio. Ya no me sentía capaz de seguir comprometiéndome; quería perseguir la vida tal como había visto que era posible, sin necesidad de renunciar a mi felicidad, a mis pasiones o al espíritu de mi vida en particular. En cuanto a los chicos confiaba en que, de algún modo, sabríamos resolver las cosas; el divorcio no les iba a hacer sentir avasallados, de eso estaba seguro; por el contrario, el hecho de que sus padres se separasen les aportaría una beneficiosa serenidad.

Por otro lado, me entusiasmaba la idea de poderles instruir mediante mi propio ejemplo; para ellos sería una gran lección que yo persiguiese mi propia dicha, mis pasiones por la escritura —y la fotografía—, y que fuese capaz de alcanzar, por medio de mi talento, algún logro extraordinario como persona.

> *El profesor mediocre dice. El buen profesor explica. El profesor superior demuestra. El gran profesor inspira.*
> **William Arthur Ward**

Y así, al cabo de cinco meses, me mudé una vez más. Durante ese tiempo estuve trabajando con bastante dedicación en mis creaciones artísticas, y empecé a disfrutar de mucho más reconocimiento del que nunca hubiese imaginado. En abril de 2007, más de 200 blogs había expuesto unas 350 fotos hechas por mí; a finales del mes de mayo, los blogs eran ya 225 y las fotos habían aumentado a 375. Además, por aquel entonces, muchas de mis creaciones fueron seleccionadas para números especiales de revistas online, y la más destacada revista alemana de fotografía, FOTOMagazin, publicó un artículo impreso sobre mi técnica de corte en su número de julio de 2006.

El 1 de mayo de 2006 me trasladé finalmente a Manhattan, al mismo apartamento en el que había vivido una década antes.

El sitio apenas había cambiado. Había gente dando voces en la calle hasta altas horas de la madrugada. Los traficantes de droga aún se sentaban en las escaleras de entrada de la casa a vender y salían corriendo, abriéndose paso a empujones, en cuanto el que vigilaba veía aparecer por la esquina a la policía. Había críos que seguían teniendo críos. Las niñas pequeñas que, cuando llegué aquí por primera vez, subían y bajaban por la escalera los cinco pisos del edificio, eran ya jovencitas que se sentaban en las escaleras de entrada con un móvil en una mano y, en la otra, un carrito de bebé.

Por suerte, durante mi segunda separación, mi querido amigo Robert seguía viviendo en el apartamento. Yo me instalé en 1993, y él lo hizo al año siguiente. Y al cabo de doce años decidió volver, acompañado de su nueva pareja. Era una extraña —y bonita— coincidencia.

¿O no? Porque, mientras el momento de tomar una decisión definitiva estaba a punto de llegar para mí, también nuestro común amigo Rayner se estaba separando. Rayner tuvo también dos hijos y su matrimonio había durado el mismo tiempo: ocho años. Casi diez años antes, había vivido en este mismo apartamento. Yo viví con él durante apenas una semana, pero nos hicimos grandes amigos; porque, mientras yo me trasladaba con mi nueva pareja a un edificio *brownstone* en Brooklyn, él se trasladaba con la suya, que pronto sería su mujer.

Por tanto, ahí estábamos los dos otra vez, la nueva extraña pareja, al inicio del verano, en situaciones curiosamente parecidas; los dos necesitábamos encontrar un sitio para vivir y una forma de volver al punto de partida previo a aquellos años.

Se daba la casualidad de que el otro compañero de piso de Robert también se mudaba. Así que, con un mes de diferencia, Rayner y yo volvimos al mismo apartamento en que habíamos vivido diez años antes.

Dicen que la vida es un enorme círculo… empiezo a creer que es una gran verdad.

> *El círculo se ha completado. Aquí estoy.*
> **King Lear, William Shakespeare**

Así que me trasladé. Elegí la más pequeña de tres habitaciones, un cubículo de 3 por 2,5 metros suficiente para una cama, un escritorio y mis queridos libros. El viento soplaba con frecuencia, trayendo consigo un hollín que se iba acumulando en los estantes y en las cornisas de las ventanas, hasta que una fina capa gris me hizo ver que era tiempo de limpiar. Había grietas en las que se había derramado el yeso, dibujando formas aleatorias que parecían decorar las blancas paredes.

Aun así, nada de eso me preocupaba. Por decisión propia, las comodidades materiales y la conveniencia de tener todo en un mismo sitio se habían convertido en un lujo fuera de mi alcance; pero me adapté, como ya había hecho una vez en el pasado, y aprendí a vivir con mucho menos.

Aunque, para ser sincero, confieso que al principio me resultó algo difícil. Me dolía que mis amigos vinieran a visitarme y comentaran que mi nueva casa parecía el dormitorio de una residencia universitaria; o que les dijera que no me podía permitir salir con ellos a algún restaurante de Manhattan de precios moderados y ellos me mirasen, molestos e incrédulos. Y aunque sabía que tenía mucho más que la mayoría —un techo, una cálida cama, suficiente comida, una voluntad fuerte y, quizá, algo de talento creativo— no podía evitar sentirme, en cierto modo, empobrecido.

A pesar de todo, si algo me dolía más que ninguna otra cosa era tener que despedirme de mis hijos cada vez que les veía. Después de besarles, abrazarles y decir buenas noches con la mayor sonrisa de que era capaz, tenía que volverme y salir corriendo hacia la parada del autobús lo antes posible para que no notasen el dolor que sentía en mi interior y no viesen las lágrimas que desquebrajaban mi integridad; porque en cuanto pronunciaba la palabra "adiós", me era simplemente imposible contenerlas.

Por eso, a pesar de mis esfuerzos, vivir en el apartamento no era lo que entendemos todos como estar en "casa".

Para consolarme a mí mismo, solía pensar que "quizá el mundo sea realmente mi casa, como tantas veces he deseado". Porque, por extraño que parezca, el año anterior había empezado a notar que en realidad me sentía como en casa cuando estaba haciendo fotos; es decir, a solas, y en las mugrientas calles de Nueva York.

De modo que al cabo de unos meses, en cuanto me acostumbré en lo posible a la nueva situación, a no ver a los niños cada día y a la falta del confort de un hogar, supe con certeza que aquella había sido la elección adecuada; tenía la inequívoca sensación de estar recuperando el sentido de la individualidad, de quién era yo en realidad y quién quería ser en la vida.

Además, en cuanto empecé a perseguir mi propia dicha, me sentí más feliz que nunca; escribía sin parar —para compensar el tiempo perdido— y sacaba más y más fotos de la vida en las calles de Nueva York.

Todos estamos inmersos en una búsqueda. Todos, al vivir nuestras vidas, nos buscamos a nosotros mismos y acabamos preguntándonos: ¿cuál es el significado de todo esto? La respuesta está en aprender a aceptar y cultivar nuestra individualidad: aprender a *ser tú mismo*.

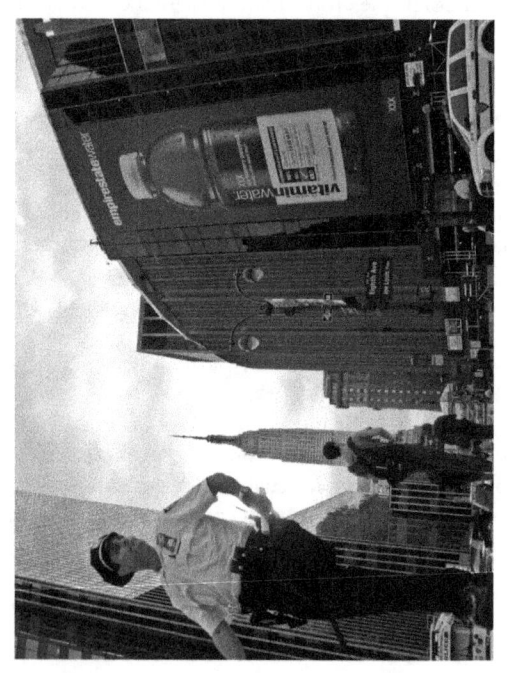

Agradecimientos

Quisiera dar las gracias a todos aquellos que han hecho posible este libro con su tolerancia, amor y apoyo.

Ante todo, y en primer lugar, quiero mostrar mi más profundo agradecimiento a la editora Stephanie Staal; si he escrito este libro ha sido gracias a ella, que creyó en mí y en mi trabajo, por lo que siempre le estaré agradecido. No es de extrañar que en estos dos últimos años se haya convertido en una de mis mejores amigas y confidentes.

Quiero también dar las gracias a Daniel Migueláñez, que con su trabajo, paciencia y conocimientos, ha hecho posible la publicación de esta versión en castellano.

También me gustaría dar las gracias a mis hijos, Enzo y Nicky, por su infinita paciencia y tolerancia mientras les fotografío, y por haberme servido de inspiración para ser, más que nunca, yo mismo.

No quisiera tampoco dejar de dar las gracias a todos esos grandes amigos que me han brindado su apoyo en estos años (a mí y a mi escritura, para ser más exactos) con su ánimo, su inspiración y su amistad. Específicamente me gustaría dar las gracias Feyza Marouf y Robert Thomas.

Especial agradecimiento merece mi esposa Chelsea Hollander, por su amistad cuando estuve escribiendo el libro y estuvimos solamente amigos.

Doy también las gracias a todos los aspirantes a fotógrafos del mundo entero que, en los dos últimos años, me han enviado cartas dejando constancia de lo inspiradoras que les han resultado mis palabras y mis fotos; sobre todo, porque sus palabras y fotos han sido igual de inspiradoras para mí.

Por último, quisiera mostrar el agradecimiento debido a todos los escritores y escritoras cuyas obras me sirvieron de inspiración a lo largo de mi vida. En este libro he tratado de compartir algunas de sus palabras. Espero que tú, lector, hayas sentido su inspiración. Que tu vida esté siempre repleta de intriga, gozo y aventura.

Lorenzo

Sobre el autor

El creativo, escritor, y galardonado fotógrafo urbano Lorenzo Dominguez ha escrito numerosos libros, entrevistas y artículos sobre bellas artes y fotografía en "El Foco," "Nueva Luz", "Rain Tiger" y "The Examiner".

Su libro "25 lecciones que he aprendido sobre ~~fotografía~~ la vida" fue número uno en ventas en 2010 en las secciones "Ensayos sobre fotografía" y "Autobiografías de artistas" de Amazon. Paul Giguere, gurú del popular podcast "Thoughts on photography" ha valorado el Libro de Dominguez como "un clásico entre los ensayos sobre fotografía".

En octubre de 2010, Lorenzo fue el asesor fotográfico de la ciudad de Nueva York para el recién inaugurado app de Microsoft "foursquare photography". En 2008, fue elegido como artista invitado en el "HP Be Brilliant".

Desde que, en 2005, se inició profesionalmente en la fotografía, sus creaciones han sido publicadas en fotoMAGAZIN, la revista alemana de referencia en el sector, y sus fotos han sido mencionadas, reseñadas y publicadas por más de 350 blogs, páginas web y publicaciones impresas.

En la actualidad, Lorenzo tiene más de 32.000 fotografías publicadas en flickr.com, uno de las páginas web de fotografía más visitadas del mundo; sus creaciones han sido visitadas más de seis millones de veces, y su sitio web (también conocido como lorenzodom) es uno de los más populares.

En "Time Out New York", Lorenzo ha sido mencionado como "la sensación de la fotografía por internet"; y Rob Walker, consagrado columnista del "New York Times Magazine", se ha referido a él como un "flickr star".

A través de "Getty Images" se puede ver su trabajo desde cualquier parte del mundo.

Sobre el traductor

Daniel Migueláñez se graduó en estudios ingleses y en lenguas
modernas y traducción, e hizo un master en estudios literarios.
Estudió en Madrid, Edimburgo, Boston y Berlín.

Ha trabajado en algunos de los más grandes medios de
comunicación españoles como reportero, editor y corrector de
pruebas.

En 2013, Daniel recibió un diploma de excelencia por
la calidad de sus clases de lengua española en la Tufts University
(Boston).

En la actualidad vive en Madrid y trabaja como
profesor, traductor y corrector de pruebas, mientras prepara su
tesis doctoral sobre la música en la obra de Oscar Wilde.

Su última publicación es "Auf den Spuren von
Wagners Ideen in den Werken Oscar Wildes" —ecos de las ideas
wagnerianas en las obras de Oscar Wilde—, en la prestigiosa
editorial alemana Winter Heidelberg.

Lo que ha dicho la crítica….

Por fin, un nuevo libro de referencia para la generación de "El guardián entre el centeno"

Aquí no encontrarás lecciones sobre cómo estar en el poder, ni sobre la necesidad de detenerse a contemplar la esencia de la vida, o a apreciar los momentos especiales; este libro es la experiencia, el momento.

Después de leer "25 lecciones", uno no puede seguir acomodado en su statu quo; Lorenzo atrapa la noche y utiliza la fotografía para, mientras plasma todo cuando observa a través de su objetivo, mostrarnos su propia experiencia de una metamorfosis que va del interior al exterior.

Si uno no experimenta un rotundo cambio en su vida después de haber leído este libro es que no estaba atento y debe volver a empezar desde el principio, hasta encontrar la inspiración. Internaliza todo cuanto el libro te ofrece y comienza tu propio viaje de auto descubrimiento.

Beth Jannery, autora de Simple Grace: Living a Meaningful Life.

"…No he encontrado a ningún otro fotógrafo que haya sido capaz de captar la esencia de las calles de Nueva York con un estilo tan propio y singular… el trabajo de Lorenzo surge en muchas de mis conversaciones sobre grandes fotógrafos, y me siento orgullosa de haber reconocido tempranamente su talento.

Los "instantes en el tiempo" que Lorenzo capta permiten al espectador estudiar relaciones humanas que, en la dinámica de la vida real, son imposibles de percibir. Y sus secuencias fotográficas son, si cabe, aún más fascinantes; cada una de ellas tiene valor en sí misma; vistas en conjunto, forman un poema urbano. Me complace enormemente haber presenciado la rápida evolución de Lorenzo como uno de los fotógrafos de referencia de nuestra época".

Jim Van Meter, Rochester, NY, USA

"... No hace falta entender de fotografía ni ser un experto en temas formales de técnica, luz o composición para quedarte sin palabras delante de su obra. Y eso, probablemente, es lo mejor.

Sus fotografías llegan a todo el mundo, independientemente de la edad, religión, nacionalidad o estatus social.

Lorenzo adora Nueva York, y eso se nota. Retrata como nadie su ciudad, sus gentes, sus colores, sus sentimientos y, en general, su atmósfera. En realidad, todo se resume en la esencia; como fotógrafo, no reproduce simplemente lo que tiene delante, sino que es capaz de capturar su esencia, su espíritu. Y eso, que él consigue en cada foto de manera natural, es algo realmente muy difícil de alcanzar."
Carmen Padró: Barcelona, Spain

"Lorenzo é um grande fotógrafo, entrar em seu flickr é a certeza de poesia em forma de fotos, um raro talento, habilidade excepcional em se comunicar através das imagens. Sua fotografia é movimento, emoção, um olhar atento, apurado e artístico do mundo que nos cerca, por onde transitam cores, formas, impressões e muita paixão. É um prazer ímpar poder admirar sua obra e seu belíssimo trabalho..."
Leni Miranda: Rio de Janeiro, Brasil

"Vayamos al grano: Lorenzo es un maestro. Su obra es una de las mejores en flickr y también, probablemente, en todo el ámbito profesional de la fotografía. Sus imágenes de la calle y la ciudad siguen la tradición de Paul Strand, Cartier-Bresson, Garry Winogrand y Larry Friedlander. Pero Lorenzo no se limita a imitar las creaciones de sus maestros, ni trabaja sin trazar unas fronteras previas. Las imágenes "urbanas" de Lorenzo van más allá de lo estudiado y lo previsible: ofrecen una nueva visión, obligando al espectador a ver desde otra perspectiva lo que ya había visto... Y su trabajo no se limita a un único género; es difícil de catalogar; es, simplemente, una gran obra, inspiradora... y educadora.

Las "25 lecciones" de Lorenzo son de obligada lectura para todo aquel que quiera usar una cámara. Ha reflexionado sobre ellas; son fáciles de entender —engañosamente simples— y aplicables a cualquier fase del arte fotográfico; su transcendencia en el arte de la fotografía es equiparable a la de la disertación de Ansel sobre el sistema de zona. Y no nos equivoquemos: no se trata de una mera introducción para principiantes, sino de consejos muy intuitivos y extremadamente útiles.

Nadie puede crear imágenes como ha hecho Lorenzo sin integrar los principios de discernimiento de visión, ni plasmar la riqueza de detalles propia de la vida, sin una inmensa pasión por su labor. No cabe duda de que Lorenzo es pasional... con su trabajo y su vida. Su historia, sus escritos y su trabajo me han conmovido profundamente. No puedo imaginar a alguien que no le suceda lo mismo."
Barry Shapiro: Los Angeles, CA, USA

"genio literario y fotográfico". Un hombre de la gente. Una pequeña parte de lo que la mitad de nosotros podríamos desear ser. Mantén la inspiración, Lorenzo."
John Terry, Newcastle, UK

"Lorenzo... tiene pasión por la vida, la fotografía y la escritura; es un genio de la expresión escrita, un narrador de historias a través de palabras e imágenes. Capta con su cámara el mundo tal como lo ve, sus sentimientos, su amor, su belleza, y todo cuanto tiene que ofrecer".
Brenda George, Adelaide, Australia

"Este hombre es formidable. La mayoría de sus fotos están hechas con una canon PowerShot... ¿cuánta gente es capaz de sacarle todo el partido a esa antigualla? Los temas, los ángulos, la exposición son... ¡brillantes!
Christoph Moser, Alemania

El fotógrafo Lorenzo Domínguez tiene la sorprendente habilidad de encontrar belleza en sus alrededores. Y posee también el don de la palabra. Sus "25 lecciones" son mucho más que el típico manual de fotografía: podría compararse con un mapa que muestra cómo tomar el camino del corazón, el alma y los sentidos para, a través de una cámara, captar imágenes.

Cuando, por un inopinado cambio en su vida, Lorenzo se encontró inmerso en una búsqueda, emprendió un camino por las calles de Nueva York, sacando fotos a diario con sus cámaras compactas. El color y el movimiento de la ciudad le hipnotizaron, y descubrió que "las imágenes ven lo que nosotros no vemos". Su mantra es que el oficio es liberador, y que todo posee una belleza propia. Insiste en el encanto del blanco y negro como recurso para acentuar la forma. Los grandes maestros de la pintura son su referente, y una detenida contemplación de las obras de éstos, su forma de entrenar la vista para manejar el color en fotografía.

Estas 25 lecciones reavivan la pasión de fotógrafos y periodistas gráficos. Su lectura despierta la inspiración y la mantiene viva. Uno de los grandes consejos de Lorenzo es que llevemos siempre la cámara preparada y usemos nuestra imaginación para contemplar el mundo con los ojos de un niño. Como puede verse en sus creaciones, la actitud es uno de los ingredientes concretos que él busca en los protagonistas de sus imágenes. La elección de segundos planos es tan relevante como la de quienes aparecen en primer plano. Al leer su libro uno se enamora, no solo de la fotografía, sino también de la zona en la que vive, sea cual sea su estatus social.

A modo de mentor, Lorenzo nos recuerda la importancia de perseverar, mantener la calma y aprovechar el momento —afirmaciones que puede confirmar cualquier persona que haya alcanzado el éxito. Uno de sus grandes logros es el de convertir en imágenes de impacto, dignas de emulación, su capacidad de encontrar lo inusual. A través del contraste de la ilusión óptica, empuja a otros a inspirarse, y a pensar más allá de lo establecido.

Él mismo halló incontables fuentes de inspiración mientras fotografiaba la Gran Manzana —una "tierra prometida" de la estética". En flickr y otros sitios web de fotografía, Lorenzo aboga por una honesta—y a menudo inocente— visión de la vida, con un deseo explícito de que el resto de la gente también lo haga. Siguiendo las ideas de Seinfield sobre el "espectáculo a partir de la nada", reta a los fotógrafos a crear "algo a partir de la nada"; e insiste en la importancia de usar el sentido del humor.

Cuando leas las "25 lecciones", sentirás la urgencia de desempolvar la cámara y salir corriendo a la calle para usarla. Frente a lo que veas, encontrarás una perspectiva que no te habías planteado, o que ya habías dado por sentada. Su libro es de gran ayuda para escritores y fotógrafos, pero también para cualquiera que necesite renovar su perspectiva de la vida misma.

Phyllis Johnson, reportero gráfico y autor de "Being Frank with Anne & Hot and Bothered By It"; Virginia, USA.

Cualquiera que haya leído los escritos de Lorenzo conoce el poder que tienen para refrescar la creatividad de cada lector. Probablemente, el mejor testimonio sobre Nueva York que pueda encontrar un fotógrafo está en sus "25 Lecciones". Lorenzo combina en ellas el don de la palabra con la visión de un amante y descubridor de la ciudad. El libro es una evocación al espíritu creativo que vive en cada uno: poético y valiente, como la ciudad que describe; a veces exótico, explosivo — cuando ha de serlo—, y siempre original. Sus obras estimulan la imaginación, aportan energía a quienes se sienten desorientados y despiertan deseos de emulación. Con sus palabras y su objetivo, Lorenzo ofrece un excelente homenaje a la ciudad que, más que ninguna otra, encarna la vida misma en todas sus sorprendentes y vibrantes dimensiones.
Sandrine Tesner, París.

Mi principal labor como oncólogo no es solo añadir días a las vidas de la gente, sino, también, añadir vida a los días de la gente. El libro de Lorenzo ha resultado ser una gran herramienta en mi labor de terapeuta, sanador y confidente de mis pacientes. Ha hecho renacer mi pasión, calor y compasión, esenciales en mi día a día, y me ha convertido en un mejor médico y una mejor persona.

Animo a todos mis pacientes y familiares a leer esta obra maestra del humor, el amor y la imaginación, como arma contra el dolor y la desesperación. Además de la enorme influencia que Lorenzo ha ejercido en mi propia vida, yo mismo no he dejado de usar sus obras escritas y gráficas para inspirar a mis pacientes a que expresen sus más profundas emociones; como medio en el que ven reflejado su propio entendimiento de la enfermedad, y para desarrollar sus propios objetivos terapéuticos. Sinceramente, recomiendo este libro a todo el mundo.

El libro sería de por sí interesante si solo tratara de fotografía, pero las "25 lecciones…" son mucho más. La trayectoria de Lorenzo y sus experiencias son realmente inspiradoras, y las imágenes acrisolan de veras la esencia de la vida en Nueva York… Son una auténtica hazaña. Este libro está repleto de amor, fe, esperanza y coraje. Perfecto para recomendar a todos los amigos. Christina.

Otros títulos del autor

"Carta a un ratón"

"Carta a un ratón" es una colección de poemas que fueron escritos en el otoño de 2002, a modo de carta introductoria a un poeta y escritor al que tengo en gran estima.

En el libro hay 222 poemas ilustrados. La mitad de ellos son creaciones originales del autor, concebidas —en su gran mayoría—entre agosto y diciembre de 2002.

La otra mitad del libro está formada por pensamientos inspirados en obras de autores célebres. Algunos son parodias; otros, imitaciones lúdicas nacidas de la introspección; gran parte de estos poemas surgieron como respuesta a la lectura de otros poemas; y unos pocos, simplemente como parte de un conjunto temático de poemas anteriores.

Además de los 222 poemas que dan forma al libro hay otros 27 poemas adicionales, inéditos hasta el momento.

"El arte importa"
Crónicas de amor, lujuria y libertinaje
Selección de prosa y verso 2005-2008

Extracto:

El arte realmente importa.

Es el motor de mi vida, y le da significado; tanto como lo hacen mi maravillosa familia y amigos, y las aventuras que he tenido con todos ellos.

"El arte importa" es un compendio de tres años de trabajo, desde el verano de 2005 hasta el inicio del verano de 2008.

El volumen tiene una extensión de más de cuatrocientas páginas, con más de doscientas entradas y otras tantas fotografías, complementarias del texto.

"El arte importa" es un libro de introspección que trata de explicar cómo nuestras características propias conducen a las leyes de la naturaleza humana universales.

Es, también, un libro que nace de la honestidad; porque yo creo que para ser un gran artista, uno no debe temer lo que otros puedan opinar de uno, ni de la vida —genuina— que apueste por vivir. Un gran artista debe presentar la verdad tal como la ve y la siente. De lo contrario, cae en el más completo fracaso.

"Sé tú mismo"
Una celebración del espíritu del individuo, tal como lo capté en las calles de la ciudad de Nueva York.

Cien fotografías de transeúntes en las calles y el metro de Nueva York. Cada imagen está ilustrada por una breve cita sobre la individualidad, el genio y la auto determinación.

"Las crónicas del hombre perdido"
Libro uno, el arte de vivir

Escrito en un estilo similar al de las parábolas de Jesucristo y la prosa de Elbert Herbert en su obra "White Hyacinths", estas crónicas transmiten un conocimiento paralelo al que se encuentra en Lao-tse, el Bhagavad-Gita, Platón y Nietzsche.

El libro es un testimonio actual del viaje de un hombre inmerso en un mundo que ha perdido sus propias referencias, en el resplandor de la comodidad moderna y el artificio de lo comercial. Cada apartado se ocupa de una etapa que conduce a la iluminación, a la conciencia individual y, en última instancia, al redescubrimiento del significado de la vida.

De fácil lectura y comprensión, las crónicas son accesibles a todo el mundo. Pero, a pesar de la simplicidad del mensaje, su impacto es profundo en todo lector.

Entrada uno (de 100)

Perder la identidad

Soy el que ha perdido la identidad. Alguien que ya no cuenta como uno más entre los otros, sino como entidad unitaria con el mundo.

Amalgamado en esta maravilla universal, soy capaz de vagar a través de las cosas como una molécula que roza con otras; flotante, girando… me detengo cuando tengo frío; cuando no, me desespero.

A veces, desde la distancia, parezco indistinguible, pero acércate un poco más y descubrirás que soy único.

En mi estado puro, soy energía. Pero cuando me entrego, por medio del trabajo efímero, puedo usar el tiempo y el espacio para encauzarme hacia la materia no necesaria; errar simplemente, para escapar del tedio.

Es por eso que he perdido mi propio ser. porque quiero conocerme; conocer la pureza, las posibilidades de no ser nada y serlo todo.

"cuanto menos hay de ti, más experimentas lo sublime"
Joseph Campbell

"StreetWise: cómo ser un gran fotógrafo; lecciones aprendidas en las calles de la ciudad de Nueva York"

La trilogía de las 25 lecciones: 25 lecciones que he aprendido (sobre fotografía); 25 lecciones más (que he aprendido); y 25 puntos de creatividad.

"StreetWise, cómo ser un gran fotógrafo; lecciones aprendidas en las calles de la ciudad de Nueva York" fue escrito por el autor del bestseller "25 lecciones que he aprendido sobre fotografía", y comprende las 25 lecciones originales que sirvieron de inspiración para el libro

(http://www.25lessons.com).

Además incluye las secuelas, "25 lecciones más (que he aprendido)" y "25 puntos de creatividad", que completan la trilogía.

El título es de obligada lectura para todo aspirante a artista o espíritu creativo; fotógrafos, escritores, pintores o creativos de agencias publicitarias encontrarán, página tras página, una fuente de inspiración detrás de otra.

Cada lección está ilustrada con sus correspondientes imágenes; muchas de ellas son fotografías tomadas por Lorenzo durante la época en la que escribió estos tratados sobre creatividad, mientras vivía en una pequeña iglesia en mitad de Manhattan, en la primavera de 2005.

www.ingramcontent.com/pod-product-compliance
Lightning Source LLC
Chambersburg PA
CBHW071716170526
45165CB00005B/2034